스타트업,
창업에서
실리콘밸리까지

스타트업,
창업에서 실리콘밸리까지

박한진 지음

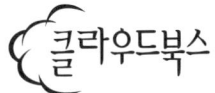

추천사

Every entrepreneur who wants to build a globally successful company should read this book. Hanjin Park provides entrepreneurs with an excellent roadmap for startups.

글로벌한 회사로 일구어 나가기 원하는 사업가들은 이 책을 꼭 읽어보기 바란다. 저자는 스타트업을 위한 훌륭한 로드맵을 제공하고 있다.

- 빌 라이헤르트 Bill Reichert

가라지 테크놀로지 벤처스 Garage Technology ventures

오늘 이 시간에도 많은 청년이 여기저기서 창업이라는 어려운 길을 걸어 가기 위해 힘겨운 발걸음을 내딛고 있지만, 그들이 꿈꾸는 성공을 이루는 경우는 정말 희소한 것이 현실입니다. 이 안타까운 상황을 조금이라도 개선해 청년창업의 성공률을 조금이라도 높여 보고자 박한진 저자께서 그 동안의 실전 경험을 녹여 실리콘밸리 창업 성공 매뉴얼이 될 수 있는 귀한 지혜를 한 권의 책으로 정리하여 출판하게 됨을 감사하게 생각합니다. 이 실전 창업 성공 매뉴얼이 단지 실리콘밸리 창업을 꿈꾸는 ICT 기업에만 해당하는 것이 아니라 모든 종류의 일반 창업에도 폭 넓게 적용될 수 있는 귀중한 지혜의 산물임을 확신하고 새로운 가치를 세상에 제공코자 창업의 길을 선택한 모든 기업가들에게 필독을 강력히 추천합니다.

-신이철, 글로벌 창업 네트워크 대표

한국의 유망 스타트업의 실리콘밸리 진출에 필요한 각종 정보를 한곳에 모았네요. 저자의 다년간의 경험이 녹아있어 글로벌 시장을 준비하는 모든 기업에게 소중한 가이드북이 될 것 같습니다. 진정한 실전 매뉴얼로 강력히 추천합니다.

- 박재우, CEO CROSSEN, Inc.

일단, 무조건 읽고 사업을 시작하자!
이 책이 왜 이제야 나왔는지 정말 아쉽다. 혼자 마음고생 하며 시행착오를 겪던 시간이 억울하게 느껴질 만큼… '창업 권하는 사회'에 살면서 안타까움을 느끼는 순간이 종종 있다. 그가 가진 창의력과 용기, 도전 정신을 증명해 보이는 유일하고도 확실한 방법이 당장 창업을 해 보이는 것인 양 부추기는 분위기가 그것이다. 무엇을^{What} 어떻게^{How} 만들어서 누구에게^{Who} 서비스할 것인지에 대한 생각보다 훨씬 심각하고 중요한 것이, '나는 과연 스타트업에 적합한 사람인가'에 대한 진지한 고민이고 '내가 이 사업을 왜 하는가^{Why}'에 대한 철학과 소신일 것이다.

이 책에서는 스타트업의 바른길을 알려준다. 결국, 가장 중요한 것은 '실행력'이고 저자는 본 글을 통해 막연한 꿈을 현실로 실현시킬 수 있는 단계별 액션 로그를 가시적으로 제시하고 있다. 허당이 횡행하는 멘토링 프로그램을 통해 하기 좋고 듣기 좋은 영웅담을 듣느라 아까운 시간 낭비할 것 없이 이 책을 통해 '완벽한 체크리스트'를 얻을 수 있게 되었다.

- 이유미, 엄청난 벤처 대표이사

왜 실리콘밸리인가? 왜 우리는 실리콘밸리를 창업의 메카로 생각하는가? 구글과 애플 그리고 페이스북을 보면서 왜 우리는 가슴이 뛰는 것일까? 아마도 그것은 국적을 초월한 수 많은 젊은이들이 그곳에서 아이디어 하나로 성공하는 모습을 태평양 건너에서 지켜보면서 '나도 그들처럼' 성공하고 싶어서가 아닐까? 전설로 남을 만한 도전을 시도하고, 말도 안되는 아이템으로 사업에 성공한 이야기들이 지금도 그곳에서 전해져 오고 있기 때문에, 우리는 그곳을 동경하며 성공을 꿈꾸게 되는 것 같다. 지금도 많은 대한민국 청년 사업가들이 실리콘밸리에 도전하고 있으며, 정부기관에서는 각종 실리콘밸리 진출 지원사업을 만들어 도전을 응원하고 있다. 하지만, 주식으로 돈 딴 사람 소문은 들었어도, 돈 잃은 사람 소문은 들을 수 없었던 것처럼, 실리콘밸리에서의 성공담에만 너무 귀 기울여왔던 것은 아닌지 냉철히 생각해 봐야 한다. 수 많은 창업가들이 그곳에 도전장을 내밀었다가 실패했고, 다시 도전해 성공한 경우도 있겠지만, 수 차례의 도전에도 큰 성공을 거두지 못하는 경우가 더 많다. 특히, 미국 본토 출신도 아닌 동양의 작은 나라 출신의 청년이 실리콘밸리에 도전해서 성공을 한다는 것은 정말 쉽지 않은 일임이 분명하다. 이러한 상황에서, 실리콘밸리에서 뜻을 펼치기 위한 창업가들을 위한 책이 나온다는 것은 여간 고마운 일이 아닐 수 없다. 이 책의 저자는 산호세를 중심으로 한 캘리포니아 사회에서 한국 스타트업들을 미국으로 진출시키는 역할을 오랫동안 해

왔고, 다양한 성과를 얻은 모범적인 엔젤투자자이다. 저자가 그 동안의 쌓은 경험과 노하우는 창업진흥원, KOTRA 등을 통한 미국진출 지원사업을 통해 주목받고 있으며, 특히 미국에 진출하고자 하는 한국 스타트업들에게 많은 도움이 되고 있다. 실리콘밸리에서 이미 성공한 기업들의 사례를 묶은 찬송가는 미국진출을 진지하게 준비하는 창업가들에게는 잘못된 환상만 심어주어 오히려 독이 될 수 있다. 현장에서의 실질적인 경험을 바탕으로 다양한 관점에서 꼭 필요한 사항을 준비한 이 책이야말로 실리콘밸리를 초석으로 세계를 정복하고자 하는 한국 창업가들에게 큰 도움이 될 수 있을 것이다. 성공에는 왕도가 없지만, 실패에는 반드시 이유가 있다. 이 책을 통해 박 대표의 경험과 노하우를 자기 것으로 만들고 실천에 옮긴다면, 차세대 실리콘밸리 성공신화는 당신의 것이 될 수 있을 것이다.

- 엄정한, BLT 특허법률 사무소 대표

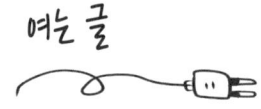

여는 글

오늘도 세상에는 수많은 스타트업이 생겨나고 있다. 많은 수의 스타트업이 오늘도 실리콘밸리에서 성공을 꿈꾸고 있고, 한편으로는 적지 않은 성공 신화도 쓰이고 있다.

실리콘밸리, 과연 그들만의 잔치인가? 대한민국의 스타트업들, 결연한 의지로 사업을 시작하고 누구나 한 번쯤 언젠가 실리콘밸리로 가서 투자도 받고, 하고 있는 사업을 세계적인 회사로 키우는 것을 생각해 보았을 것이다.

그럼 왜 실리콘밸리일까? 단순히 기술산업의 메카라서? 수많은 투자자가 모이고 최고의 기술과 인력들이 모여 있어서? 수치상으로는 그 논리가 맞다. 하지만 스타트업들이 시장성의 평가를 받을 수 있는 장이기 때문이다. IT 관련 사업에 있어서 업체마다 애지중지하는 기술이 되었든 아니면 우리가 아니면 아무도 생각할 수 없을 것 같은 새로운 사업모델이 되었든 진정한 평가를 받을 수 있는 곳이 바로 실리콘밸리이다. 내가 하고 있는 사업이 진정 어떤 가치가 있는지 종합적인 평가를 받을 수 있다는 것이다.

그야말로 진검 승부의 장이다. 스타트업은 종합예술이다. 기술이 좋다고 되는 것도 아니고 돈이 많다고 되는 것도 아니다. 사업의 가치는 단지 기술뿐 아니라 적절한 타이밍, 기술의 시장 적용, 창업자의 능력, 사업의 확장성, 그에 따른 추진력 등 여러 가지가 맞아 떨어져야 좋은 평가를 받게 된다. 이 모든 것을 종합적으로 평가받는 곳이 실리콘밸리이다. 회사의 사업성과 장래성에 투자자가 투자를 하고 이를 통해 사업을 추진해가면서 시장을 만들어 가고 수익을 올리는, 일반적인 사이클이 잘 돌아가는 곳이 실리콘밸리이다.

그런 점에서 한국의 스타트업들은 실리콘밸리에 대한 환상을 버려야 한다. 유망한 기술과 사업 모델이 있으면 누구나 투자받을 수 있고 사업을 추진하여 어깨를 나란히 할 수 있다고 생각한다. 하지만 현실은 그렇지 않다. 철저하게 알고 준비하지 않으면 실리콘밸리는 죽음의 계곡이다. 지금도 수많은 스타트업의 무덤이 되는 곳이 실리콘밸리이다.

스타트업의 기회의 땅, 실리콘밸리. 철저히 아니 처절하게 준비해 들어가야 한다. 실리콘밸리의 외국에서 온 주변인으로 그칠 것이 아니라 현장에서 치열하게 경쟁하고 문제점과 장애를 하나하나 해결해 가면서 끈기있게 사업을 추진해 가야 한다. 한국의 스타트업이 그저 미국에서 법인을 설립해 사업한다고 해서 절대 미국회사가 될 수 없다. 독특한 사업문화로 실리콘밸리에서 자리를 잡을 수 있도록 해야 한다. 어정쩡하게 미국회사를 따라 할 것이 아니라 나만의 색채를 가진 특별한 스타트업, 그것을 만들어 내는 것이 중요하다.

결국, 실리콘밸리를 알아야 한다. 그들의 게임의 법칙을 알고 시작해야 한다. 그래야 게임에서 이길 수 있지 않을까? 상투적인 한 마디, "로마에 가면 로마의 법을 따르라!" 이 책은 조금이라도 더 실리콘밸리와 그들의 게임의 법칙을 알리고자 썼다. 실리콘밸리에서 사업을 꿈꾸는 스타트업 관계자들에게 기본적인 내용이라도 알려주고자 했다.

앞으로도 많은 스타트업이 실리콘밸리로 달려갈 것이다. 정해진 성공 공식은 없다. 스타트업 저마다 새로운 공식을 써 내려가야 함은 분명하다. 하지만 가능하면 많이 알고 준비해 가자는 것이다.

하루라도 빨리 실리콘밸리에서 성공한 한국의 스타트업이 나왔으면 좋겠다. 투자를 받는 데 그칠 것이 아니라 현지에서 뿌리내리고 사업하는 세계적인 기업이 나오길 진심으로 바란다. 그리고 그 기업을 모델로 많은 후배 스타트업이 따라갈 수 있는 롤 모델의 세계적인 기업의 출현하기를 바랄 뿐이다.

2014년 11월
박 한진

목차

- 추천사 • 4
- 여는 글 • 8

제1장 사업의 시작

1. 사업에 의미를 담기 • 16
2. 당신의 절대 미션은? • 21
3. 제품과 서비스 • 28
4. 돈 버는 방법 • 32
5. 구체적인 실행 계획 • 34

제2장 자리 잡기

1. 시장 진입은 틈새시장으로 • 40
2. 회사명과 제품명 • 47
3. 나만을 위한 특별한 메시지 • 52
4. 현실 점검 • 55
5. 독특한 기업문화 수립 • 58

제3장 피칭

1. 대상을 알고 시작할 것 • 63
2. 10/20/30 법칙 • 66
3. 과장은 금물 : 현실적인 접근 • 74
4. 프레젠테이션 슬라이드 만들기 • 78

제4장 사업계획서

1. 사업계획서의 용도 • 85
2. 첫인상을 좌우하는 사업 개요 • 89
3. 사업계획서 내용 • 94
4. 작성을 위한 몇 가지 팁들 • 97

제5장 홀로서기

1. 현금관리가 핵심 • 103
2. 단기 목표 수립 • 108
3. 외주 업체 이용 • 112

제6장 팀 구성

1. 최고의 인력으로 • 121
2. 관계된 것만을 고려할 것 • 127
3. 미국의 임직원 고용 프로세스 • 131
4. 인터뷰 및 검증 과정 • 134

제7장 돈돈돈!

1. 돈은 어디서 • 141
2. 투자유치 전에 선행되어야 할 것들 • 144
3. 미국의 VC • 147
4. 미국 VC 투자결정 과정 • 152
5. 한국 스타트업의 실리콘밸리에서 투자 유치 • 154
6. 투자 과정 • 157

제8장 브랜딩

1. 브랜드란? · 163
2. 스타트업의 브랜드 전략수립 · 166
3. 브랜드 알리기 · 175

제9장 미국 시장의 유통

1. IT 제품의 유통 · 183
2. 판이하게 다른 유통구조 · 188
3. 결제 시스템 · 195

제10장 미국에서 창업하기

1. 미국 회사의 기본 원리와 설립 · 202
2. 법인의 종류 · 206
3. 법인의 구성원 · 208
4. 법인 설립 · 213
5. 법인의 의무 · 216
6. 미국 내 법적 신분 (비자) · 218

제11장 가자! 실리콘밸리로

1. 실리콘밸리 · 227
2. 실리콘밸리 문화 · 232
3. 실리콘밸리의 투자환경 · 236
4. 실리콘밸리의 현실 · 240

- 맺는 글 · 244

1. 사업에 의미를 담기

사업은 고난의 여정

사업을 시작한다는 것은 기나긴 여정의 시작이다. 때로는 다니던 직장을 때려치우기도 하고, 때로는 나의 꿈을 실현하기 위해서 내가 하고 싶은 일을 하며 즐겁게 돈을 벌자고 사업을 시작한다. 잘만 되면 스티브 잡스나 빌 게이츠처럼 꿈에 그리던 회사를 만들 수도 있다는 희망도 품어본다. 운명적으로 아이템을 만나기도 하고 지금 하지 않으면 평생을 후회할 것 같아서 사업을 하기도 한다. 젊은이들이 사업에 대해 열망과 꿈을 가지는 것은 동서양 구분이 없다.

하지만 사업은 고난의 길이다. 외로운 자신과의 싸움이다. 시작하기 전에 마음을 단단히 먹어야 한다. 멀고 험한 길이 될 것이다. 꿈의 실현이라는 단순한 이유를 넘어서 본인에게 이 사업이 어떤 의미가 있는지를 찾아봐야 한다. 창업하고 여러 고비를 거치게 될 때마다 '도대체 내가 왜 이 짓을 하고 있나'하는 생각이 수없이 떠오를 것이다. 이 사업이 나 자신에게 주는 의미 그리고 세상에 던지는 의미가 없이는 지속하기 어렵다. 자신의 모든 것을 담아내 의미를 달성하고 성공을 이루겠다는 의지 없이는 사업은 시작해서는 안 된다.

사업을 시작하기 전에 본인 자신에게 몇 가지 질문을 던져 보자.
- 적은 급여 혹은 무급여의 상황에서도 일을 계속할 수 있는가?
- 앞으로 닥칠 수많은 거절과 거부를 감당해 낼 수 있는가?
- 당신을 따르는 직원들을 책임질 수 있는가?

당장 그 대답은 '그렇다!'일 것이다. 용감하게 앞으로 나가겠다고 할 것이다. 하지만 하겠다는 것과 실제로 해내는 것에는 차이가 있다. 궁극적으로는 큰 뜻을 위해서 모든 것을 버리고 헌신할 수 있다는 각오를 끝까지 가지고 가느냐가 관건이다. 그렇다. 사업의 의미는 모든 것을 던질 수 있도록 하는 구심점이 된다. 물론 의미가 개인적인 것일 수도 있고 아니면 공적인 것일 수도 있다. 하지만 그 사업의 궁극적인 목표가 무엇이든 간에 의미가 있어야 한다.

생각하고 있는 의미를 달성하기 위해 어떤 시련도 이겨낼 수 있다는 각오가 되어 있다면, 이제 자신에게 다음의 질문을 던져봐야 한다.

> 지금 하려고 하는 것이 진정 어떤 의미가 있는가?
> 나에게 그리고 내가 사는 이 세상에…

의미는 돈과 명예 그 이상의 것이다. 그것은 사업 등을 통해서 이루려는 높은 차원의 가치라고 볼 수 있다. 예를 들면,

- 내가 사는 이 세상을 더 좋은 곳으로 만들기 위해
- 세상 모두의 삶의 질을 높이는 것
- 내가 꿈꾸는 대로 세상의 뭔가를 바꾸는 것

이런 중요한 의미가 동기부여도 되고 다가올 무수한 어려움을 극복해 낼 원동력도 된다.

미국 진출, 더 힘든 여정

그렇다면 미국 시장에 진출하는 것은 어떨까? 미국 시장 진출 역시 단단히 각오를 해야 한다. 단지 큰 시장이 있어서, 우리 제품이 글로벌 시장에 더 적합해서, 나의 꿈이 미국에서 사업하는 것이라서 등 여러 가지 이유로 미국시장 진출을 노릴 것이다. 미국 시장이 광대한 것은 사실이지만 그만큼 힘들다. 한국에서 사업하는 것과는 여러 가지 면에서 다를 것이다. 1년이고 2년이고 고생할 각오를 해야 한다.

우선 실리콘밸리에서는 그야말로 'Nobody'. 자신은 아무도 아니다. 한국에서 잘나가던 창업자일지 몰라도 여기서는 새로 창업하는, 아니면 새로운 아이템을 만드는 동양인 누군가에 지나지 않는다. 영어에 능통하면 다행이지만 사실상 언어 문제뿐만 아니라 문화적인 충격도 있을 것이다. 실리콘밸리에서 사업하는 데 필요한 인적 네트워크도 전혀 없다. 하나하나 다시 만들어 간다고 생각해야 한다. 그러기 위해서

는 다시 시작한다는 생각으로 의지를 다져야 한다. 여기서 뼈를 묻겠다는 강한 의지를 가진 자만이 살아남을 수 있다. 빨리 실리콘밸리의 게임의 법칙을 배우고 적응해 가야 한다. 하지만 자신만의 색깔을 버릴 수는 없다. 계속되는 거절, 실패, 좌절이 있을 터인데 이를 극복하기 위해서는 장기전을 준비하고 와야 한다. 많은 외국인이 실리콘밸리에서 창업을 하고 사업을 한다. 하지만 대부분이 실패한다. 그 이유를 한마디로 표현하기는 힘들지만 중요한 것은 의지이다.

그럼, 실리콘밸리에서 사업을 일으켜 성공하기 위한 덕목은 무엇일까?

미국시장에서 승부를 걸겠다는 용기, 어떤 시련의 벽도 넘겠다는 패기, 끝까지 포기하지 않는 끈기, 마지막으로 작은 가능성을 믿고도 자신만의 신념을 이루겠다는 객기, 바로 정신적으로 무장되어야 한다.

하지만 이런 덕목으로 실리콘밸리에서 사업을 할 수 있게 하는 것이 바로 사업의 의미이다. 모든 것을 뛰어넘을 수 있는 의미, 그리고 내가 실리콘밸리에서 사업해야만 하는 의미를 가지고 태평양을 건너야 한다. 실리콘밸리의 세계적인 기업의 창업자들도 이런 의미를 찾기 위해 끊임없이 노력했다. 뭔가 세상에 의미 있는 일을 하고 흔적을 남기려는 대의가 필요하다. 최고의 제품과 서비스, 이를 통해 존경받는 기업을 만들고 궁극적으로는 세상을 변화시키는 것이다. 만일 내가 만들고자 하는 제품 그리고 내가 하고자 하는 사업이 없다면 세상은 얼마나 불편하고 불행할까? 이런 생각에서 사업은 시작되어야 한다.

2. 당신의 절대 미션은?

눈을 감고 나의 고객을 생각해보자.
- 그들은 내가 만든 제품과 서비스를 즐기고 있는가
- 진정 나는 그들에게 가치를 전달했는가
- 그리고 기꺼이 그 가치에 대한 대가를 지급했는가
- 궁극적으로 나는 그들에게 행복과 기쁨을 전달했는가
- 내가 하려는 사업의 절대적인 미션은 무엇일까

내가 만들고 정열을 쏟아 전달하려는 가치가 정확히 무엇인지 그리고 그 가치는 고객에게 어떤 의미가 있는지를 알아내는 것, 이것이 당신이 기업활동을 통해서 전달하고자 하는 절대적인 미션이 될 것이다. 미션의 정의 Mission Statement에 대해 고민해 보는 시간을 가져보자. 고민하고 있는 가운데 본인이 진정으로 하려는 것 그리고 만들려고 하는 가치가 명확해 질 것이다.

기업활동의 미션은 궁극적으로는 고객의 행복이다. 이 미션이 달성되면 매출은 자연히 따라온다. 하지만 너무 추상적이다. 기업마다 전달하려는 바가 다르기 때문이다. 예를 들어서 사과농장 주인의 사업활동 목적은 가장 신선하고 맛있는 사과를 고객에게 공급하는 것이지만 그의 미션은 고객의 식탁에 오를 그의 사과가 아삭아삭하고 달콤하며 영양가도 풍부하게 하는 것이다. 고객은 그 사과로 인해 행복을 느낄 것이다. 사과농장 주인의 미션은 고객이 사과를 먹으면서 느끼는 5분 간의 행복이 아닐까. 이를 위해 한 알 한 알 정성을 다해 사과를 재배한다. 그렇다면 스티브 잡스의 애플 컴퓨터^{Apple Computer}는 어떨까? 디자인과 제품의 성능에 유독 집착했던 잡스가 고객에게 전달하려 했던 것 역시 여러 가지 기기를 사용하면서 느낄 수 있는 만족과 행복이었을 것이다. 하지만 잡스는 기존 질서와는 다른 차원의 감동을 선사했다. 애플의 미션은 다르게 생각한 결과로 나온, 기기의 고유 기능을 뛰어 넘는 한 차원 높은 고객 만족과 감동 전달이라 할 수 있다.

미션은 회사가 조직이 커지고 지속적으로 발전하더라도 변하지 않는, 기업의 뼛속 깊이 파고들어 있는 정신이라고 보면 된다. 회사의 관계자 즉, 임직원, 투자자, 그리고 파트너까지 모두들 존중하고 끝까지 이를 지켜나가야 하는 양보할 수 없는 기업의 존재 이유이자 가치라고 볼 수 있다.

미션을 정의하는 데 흔히 저지르기 쉬운 실수는 의미가 너무 포괄적이거나 표현이 너무 추상적이어서 피부에 와 닿지 않는다는 것이다. 그렇게 되면 기업 관계자들은 나와는 상관없다고 느낄 것이며 미션이 그저 의미 없는 공약에 그칠 수 있다. 미션은 현실적으로 기업이 하려는 일 그리고 전달하려는 궁극적인 가치를 잘 포함하고 있어야 한다. 그 의미가 확실히 다가오고 느껴져야 한다는 것이다. 그래서 미션의 정의에 많은 시간과 노력을 담아야 한다. 어쩌면 사업의 시작은 바로 적절한 미션의 정의에서 시작된다고 볼 수 있다.

제프리 아브라함$^{Jeffrey\ Abraham}$은 그의 책 'The Mission Statement Book'에서 미국의 301개 기업이 정의한 미션에 관해 이야기하였다. 많은 경우, '최고^{Best}, 고객^{Customer}, 우량^{Excellence}, 리더^{Leader}, 품질^{Quality}' 등의 단어가 가장 많이 사용되었다. 많은 기업이 일반적인 수사를 반복하고 있다. 현란한 단어를 사용해서 듣기 좋은 멋진 미션을 만들 수는 있지만 조직에 스며들고 기업과 일체화되기는 쉽지 않다. 어쩌면 이런 구호성 미션은 없는 것이 더 나을 수도 있다. 혼란만 가중된다.

다음은 어느 사무기기 공급 업체의 미션이다.

> To be the leading distributor
> of office equipments and supplies
> by providing exceptional customer service
> and quality products at fair price.
>
> 우수한 품질의 사무기기와 용품을
> 우수한 고객서비스와 공정한 가격으로 제공하는 앞선 유통업체

사실상 이런 내용은 사업의 내용을 말하는 것이지 미션이 아니다. 다음을 보자. 미국 내 전 지역에 2,000여 개의 매장을 운영 중인 사무기기용품 회사인 오피스 디포^{Office Depot}의 미션이다.

> Delivering Winning Solutions That Inspire Worklife
> 당신의 일터에 영감과 승리를 전달해 드립니다
> - 오피스 디포 -

이것은 미션의 사업활동의 '결과물'에 대한 정의이다. 전혀 관계없을 것 같지만, 사업활동에서 발생하는 결과물과 그로 인해 고객에게 전달하고자 하는 가치가 함축되어 있다. 전 임직원들이 온갖 노력을 할 그런 가치 말이다.

그렇다면 절대 미션이란 무엇인가? 절대 미션이란 추구하는 궁극적인 가치를 몇 개의 단어, 즉 한 구문으로 축약한 것이다. 어쩌면 언제나 중얼거리는, 중요한 결정이나 선택의 순간에 외칠 수 있는 주문 같은 것이라 할 수 있다. 즉 정신이 번쩍 들 만큼 감성을 자극할 수 있어야 한다. 그래서 짧고 간결해야 한다. 구체적이지 않지만 머릿속에 잘 그려질 수 있는 충격적인 한마디, 그것이 바로 절대 미션이다. 잘 구성된 절대 미션은 강요하지 않아도 직원들의 마음속에 새겨져 있고 살아서 꿈틀대는 것이 느껴질 것이다.

몇 가지 예를 들어 보자.

> Authentic athletic performance
> 진정한 경기력 향상
> - 나이키 -

스포츠 용품업체 나이키^{Nike}사의 궁극적인 미션은 고객들의 경기력을 높이는 데 있다고 할 수 있다. 'Just Do it!'은 마케팅을 위한 슬로건이라고 볼 수 있다. 나이키가 추구하고 고객에게 전달하려는 절대 미션과 진정한 가치는 나이키 제품을 통한 고객의 진정한 경기력 향상이라는 것이다.

> Fun family entertainment
> 가족단위의 즐거운 여가시간
> - 디즈니 -

디즈니사의 모든 사업은 가족이 모여 즐겁게 시간을 보내도록 하는 데 집중되어 있다. 즉 진정한 가치는 디즈니의 프로그램과 서비스를 통해 가족 구성원이 즐거움과 행복을 느끼는 것이다. 디즈니사의 슬로건 '꿈은 이루어진다$^{Dreams\ come\ true}$'는 고객들이 디즈니를 통해서 꿈을 꾸고 그 꿈이 이루어진다는 마케팅 차원의 선언이다. 디즈니사의 절대 미션은 온 가족에 즐거움을 선사하는 것이다.

> Don't be evil.
> 악마가 될수는 없다
> - 구글 -

구글은 자신들의 사업활동이 고객이나 사용자에게 해가 되게 하거나 고객이나 사용자들을 이용해 돈벌이 해서는 안 된다는 메시지를 담고 있다. 어찌 보면 강력한 행동강령이다. 이 한마디의 절대 미션이 구글이 추구하고 있는 철학과 사업 방향을 전부 설명하고 있다. 구글의 사이트에 가면 구글이 추구하는 10가지 미션을 볼 수 있다. 단순하지만 '악마의 유혹'에서 벗어나자는 구글 창업자의 정신과 궁극적으로 회사가 지향해야 할 모습이 담겨 있는 강력한 주문이다.

절대 미션은 강력한 메시지로 임직원들의 사업활동이나 의사결정에 있어서 기본적인 가이드라인이 되어야 한다. 단순한 마케팅 슬로건이 아닌 조직에 스며들어 있는 최고의 가치를 설명할 수 있어야 한다. 다음은 우리에게 익숙한 기업들의 절대 미션이다.

회사명	절대 미션
스타벅스	Rewarding everyday moments 당신의 모든 순간을 위해
코카콜라	Refresh the world 세상을 상쾌하게
사우스웨스트 에어라인	Better than driving 운전보다 쾌적한 여행
웬디스	Healthy fast food 건강한 패스트푸드
페이스북	Make the world more open and connected 더욱 열리고 연결된 세상을 만들기
마이크로소프트	Enable people and businesses throughout the world to realize their full potential 사람들과 기업이 최고의 잠재력을 발휘하도록

하려고 하는 바가 확실하고, 고객에게 전달하려는 가치가 분명한, 한마디로 정리가 가능한 것이 절대 미션이다. 한국의 스타트업이 미국에 진출해 사업을 시작하면서 첫 번째로 해야할 일은 바로 이 절대 미션을 만드는 것이다. 결과적으로 사업을 통해 전달하려는 절대 가치라고 볼 수도 있다. 한국의 기업들이 많이 저지르는 실수 중 하나가 바로 절대 미션의 부재이다. 그저 미국에서 투자받아 사업하고 기술력 있는 제품 또는 서비스를 만들어 팔고 회사를 매각하거나 상장하여 돈을 벌고 싶다고 말한다. 이것이 목표가 될 수는 있어도 미션은 아니다. 고객에게 전달할 가치를 생각해 봐야 한다. 국적을 뛰어넘는 고유한 가치를 전달해야 성공할 가능성이 있다. 그것이 한국에서 시작되었든 중국에서 시작되었든 따지는 것이 무의미한, 절대적인 가치를 제공하겠다는 미션을 구축해야 한다.

스웨덴에서 창업한 회사이지만 미국으로 들어와 현재 2,000만 명이 넘는 회원을 보유하고 있는 스포티파이^{Spotify}는 배타적인 미국의 음악 시장에 안착해 기업가치 4조 원이 넘는 회사가 되었다. 그들의 미션은 획기적인 기술도 아니고 음악을 듣는 새로운 방식도 아니다. 간단하지만 미국인들에게 전달하는 강렬한 미션이 있었다.

> Spotify's mission was simple: Give people access to all the music they want all the time
> - in a completely legal & accesible way
>
> 스포티파이의 미션은 간단하다: 사람들이 언제든지 모든 음악을 접할 수 있게 하는 것이다
> - 그것도 완벽하게 합법적으로

3. 제품과 서비스

고객에게 전달하고자 하는 바가 확실해졌으면 생각하고 있는 제품 또는 서비스를 정리해 보자. 사업계획서를 작성하는 것은 조금 미루고, 좀 더 생각해 보자. 아직은 사업계획서를 작성하기 이르다. 하고 싶은 것을 먼저 정한다든지 아니면 해결해야 할 문제를 정의하는 것으로 제품과 서비스의 개발은 시작된다. 그러나 사업화를 본격적으로 진행하기 전에 생각하고 있는 사업의 성공 가능성에 대해 심각하게 생각해볼 필요가 있다. 아이템을 최종적으로 정하기 전에 몇 가지 기본적인 생각의 과정을 거쳐보자.

- 이상은 높을수록 좋다

가능한 높은 이상을 가지고 거대한 시장에서 승부를 거는 것이 좋다. 세상을 변화시키기를 원하는가. 그렇다면 작은 물결보다는 커다란 파도를 일으킬 생각을 해야 한다. 지금 시장에 있는 제품보다 열 배 이상 우수한 제품을 만들 것을 목표로 하라. 무얼 하든 크고 강하게, 세상에 커다란 충격을 주겠다는 야심을 갖고 시작하길 바란다.

- **열정의 파트너를 찾아서**

성공적인 사업에는 완벽한 파트너십이 존재한다. 성공한 기업들을 보라. 걸출한 파트너가 옆에 있었다. 당신의 여정을 끝까지 같이 할 소울메이트를 찾아라. 당신이 사업가라면 뛰어난 개발자를 만나야 하고 당신이 엔지니어라면 기업가 정신으로 무장된 파트너를 만나야 한다. 무한 신뢰의 파트너, 서로에게 든든한 조력자가 될 파트너가 있다면 성공의 확률이 배가 된다.

- **극한의 아이템**

고객들이 사랑에 빠질 만한 제품이나 서비스를 제공해야 한다. 당신의 제품이 모든 사람에게 사랑받을 수는 없다. 일부의 고객이라도 당신의 제품에 미쳐버리도록 극한의 아이템을 찾아서 만들어야 한다. 사람들의 혹평도 이겨내야 하고 어떠한 비판도 넘어설 수 있어야 한다. 일부 고객이라도 사랑할 수 있는 아이템, 아니 열광할 아이템을 만들어야 한다. 품질에 대해서는 절대 양보하지 말고 한계를 넘어서는 아이템을 생각하고 개발하라.

- **독보적인 디자인**

깊이 생각해서 유일한 디자인을 만들어라. 관념을 뛰어넘는 디자인, 관심의 중심이 되는 디자인이 성공의 확률이 높다. 기존의 아이템과는 다른 개념의 디자인을 만들 수 있어야 한다. 디자인은 단지 외장을 표현하는 것이 아니다. 스토리와 영혼이 담겨 있는 일관성 있는 디자인에 몰두하라. 모두가 좋아하는 디자인은 없다. 환상을 버리고 소수라도 당신의 디자인에 열광할 매니아를 만들어 내는 디자인을 만들도록 한다.

- 시제품 제작

시제품^{prototype}은 초기 시장성을 평가하는 좋은 도구가 될 수 있다. 완제품으로 시장성을 평가받기보다는 시제품을 만들어 초기 시장조사에 이용해 보는 것이 좋다. 시장의 평가를 받을 수 있는 절호의 기회이다. 완벽하지 않은 제품이라도 좋다. 시제품을 만들어 지속적으로 시험하고 진화시켜 나가는 과정을 거치고 고객이 가치를 인정할 때까지 끊임없이 반복해야 한다. 최종적으로 생산에 들어갈 제품은 이 과정을 몇 번이든 거쳐야 한다. 완벽에 가까운 제품을 만들기 위한 기다림은 사업의 기본적인 덕목이다.

린 스타트업

'린 스타트업$^{Lean\ Startup}$'은 2011년 에릭 리즈$^{Eric\ Ries}$가 그의 책 'Lean Startup'에서 소개한 스타트업의 제품개발 프로세스이다. 스타트업이 제품 또는 서비스를 시장에서 검증하고 이를 사업화하는 과정을 설명하고 있다. 린 스타트업은 우선 시장에 대한 가정$^{market\ assumptions}$을 테스트하기 위해 가능한 한 빨리 시제품$^{rapid\ prototype}$을 만들고 고객의 피드백을 받아 빠르게 시제품을 진화시킬 것을 권하고 있다. 소프트웨어의 경우 하루에도 몇 번씩 새로운 코드를 릴리즈하는 것은 드문 일이 아니다. 이를 위해서 지속적 배포 Continuous Deployment라는 기법을 사용한다. 즉 고객과 시장의 요구를 지속적으로 받아들이는 과정을 반복하는 것이다.

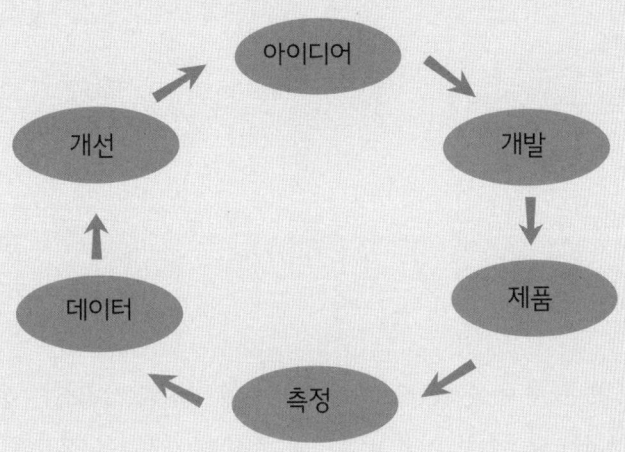

린 스타트업은 린 씽킹Lean Thinking을 창업 프로세스에 적용하고 있는데 이는 군더더기 없는 핵심에 집중하는 사고방식을 의미한다. 린 스타트업 프로세스는 끊임없는 고객 개발Customer Development을 통해서 실제 고객과 접촉하는 빈도를 높여 낭비를 줄인다. 이러한 고객과의 접점을 통해 시장에 대한 잘못된 가정을 최대한 빨리 검증하게 되는 것이다. 시장에 대한 가정들을 검증하기 위한 작업들을 줄이고, 시장 선도력market traction을 가지는 비즈니스를 찾는 데 걸리는 시간을 줄인다. 궁극적으로 린 스타트업은 시장에서 통하는 제품을 만들어 가는 과정으로 볼 수 있다.

4. 돈 버는 방법

자, 그럼 이제 돈을 벌어야 한다. 사업화할 제품과 서비스가 정해졌다면 고객을 대상으로 어떤 방식으로 돈을 벌 것인가를 결정해야 한다. 기업에게 자금은 혈액 같아서 사업을 유지하기 위해서는 돈이 있어야 한다. 세상을 바꾸겠다는 원대한 꿈도 돈을 못 벌면 현실성이 없다. 일단 타겟으로 하는 고객을 찾고 고객의 문제점과 요구를 파악한다. 그리고 고객에게 제품과 서비스를 공급하고 받게 되는 금액이 제품의 원가와 비용을 넘어서야 한다. 즉 이익을 남기는 게 기업활동의 기본 목표이다. 이를 위해서는 적절한 수익 모델이 수립되어야 한다. 좋은 수익모델은 뭘까? 스타트업의 창업자들에게는 가장 큰 고민일 것이다.

고객 발견

먼저 정확한 타켓 고객을 정할 필요가 있다. 시장에 진입을 위해서 가능한 세분된 시장을 겨냥하는 것이 유리하다. 장기적으로 광대한 시장을 노리되 초기 시장진입을 위해서는 가능한 세분되고 특화된 시장을 겨냥하고 시장 진입 후 점차 확대해 나가는 방법이 좋다. 예를 들어 보자. 미국시장 진출을 모색하고 있는 데이터 스토리지의 데이터를 관리하는 어느 소프트웨어 업체는 한국에서는 애초 일반 기업용 범용 소프트웨어였다. 국내에서는 그랬지만 미국시장에 진출하기 위해서 대상 고객을 찾기 시작했다. 시장 조사 끝에 대용량의 그래픽 데이터를 가공하고 관리해야 하는 영상 애니메이션 업체의 데이터 스토리지 전문 소프트웨어로 다시 포지셔닝하였다. 그리고 할리우드의 특수효과와 애니메이션 업체를 타겟 고객으로 잡았다. 업체는 영상 관련 시장에 성공적으로 진입할 수 있었다. 시장진입을 위해서는 가능한 세분된 시장을 선정해 깊이 있게 파고들어 가는 방법이 효과적이다.

운영관리

일단 타겟 고객군이 정해지고 매출이 오르기 시작하면 사업 운영상 준비해야 할 것들이 있다. 즉 운영에 따른 매출과 비용을 관리하는 것이다. 기본적으로 알고 있어야 할 내용은 다음과 같다.

- 월별 운영비용
- 제품 또는 서비스의 원가구조
- 향후 매출계획

수익모델은 어찌 보면 간단하다. 매출을 늘리고 비용을 줄이면 수익의 규모를 늘릴 수 있다. 그렇게 하기 위해서는 기본적으로 꾸준한 관리와 영업활동이 필수적이다.

5. 구체적인 실행 계획

사업을 시작하는 데 있어서 마지막으로 준비해야 할 것이 앞으로의 실행 계획을 수립하는 것이다. 사업활동에 있어서 당연히 행동이 필요하다. 잘 짜인 계획과 이에 따른 실행만이 성공적인 사업을 약속할 수 있다. 구성원들 간의 역할 분담은 물론 추진하는 데 있어 어떤 가정이 필요한지도 미리 생각해 놓아야 한다.

- **목표로 이끄는 이정표**

스타트업들은 많은 업무를 짧은 시간에 끝내려 하며, 실제로도 적은 인적 물적 자원을 효과적으로 사용해야 한다. 그러나 목표를 달성하는 데는 단계가 있다. 목표에 한 발씩 다가간다는 심정으로 하나씩 이루어 가면서 꾸준히 앞으로 가는 것이 진정한 스타트업의 모습일 것이다.

다음 그림은 이정표^{Milesstone}가 되는 작은 목표를 하나하나 이루어 나가는 과정이자 실행 스케줄이다. 스타트업들은 초기에 다음과 같은 7개의 중요한 이정표가 되는 목표를 달성해야 한다.

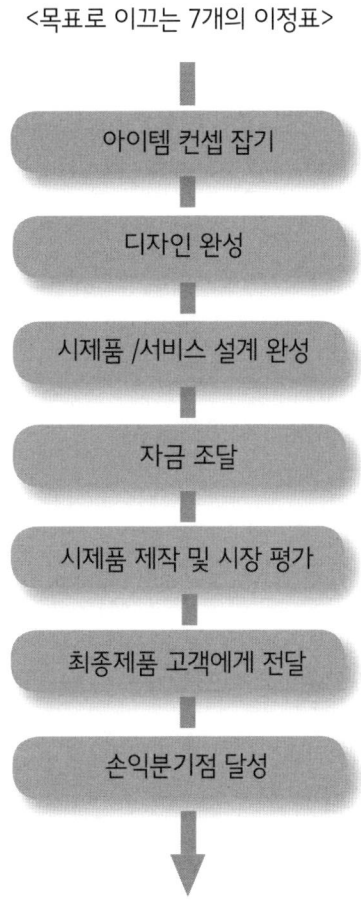

<목표로 이끄는 7개의 이정표>

업종에 따라 세부적으로 조금씩 다를 수는 있다. 이 이정표대로 추진하기 위해서는 먼저 팀원들과 같이 일정을 협의하고 달성목표와 시간을 정확히 명시해 가능한 한 스케줄에 맞게 목표를 달성하는 것이 중요하다.

- **사업상 알아야 할 요건**

어떠한 사업을 하든지 성공적인 사업을 위해 중요한 요건과 가정이 존재하기 마련이다. 물론 내적인 요인일 수도 있고 외적인 요인일 수도 있다. 하지만 이러한 가정과 요인을 꼼꼼하게 따져볼 필요가 있고 이러한 태도는 실제 사업을 추진하는 데 있어서 중요한 덕목이다.

중요한 요건들을 살펴보면,
- 제품과 서비스의 경쟁력
- 관련 시장규모
- 영업 이익률 (원가 구조)
- 영업조직의 구성과 활동
- 고객과의 소통
- 영업 사이클
- 고객 및 제품 애프터 서비스
- 기술 관련 고객지원
- 결제 방법 및 결제 기간
- 부품 및 소모품 가격 구조

- **실행 계획**

실행 계획$^{\text{Action Plan}}$이란 업무의 흐름에 따라 제조, 영업, 배송 등 실제 필요한 기업활동을 말하는 데 이를 위해 조직을 만들고 업무 분담도 해야 한다. 즉, 앞서 말한 7개의 이정표를 달성하기 위한 실행계획이라 보면 된다. 실행계획에는 다음과 같은 사업수행의 필수적이고도 기본적인 내용을 포함한다.

- 사무실 임대
- 개발 또는 제조 설비 확보
- 거래처 또는 영업라인 개척
- 회계 및 급여 등 회계 관련 시스템 수립
- 법률 서류 관련
- 관련 보험 가입

이러한 실행계획에 따라 진행해 나가다 보면 하나하나 회사의 모습을 갖추어가게 될 것이다. 이제 준비작업이 끝났으니 힘차게 사업을 해 나갈 수 있다.

제2장
자리 잡기

1. 시장 진입은 틈새시장으로

많은 업체가 틈새시장을 별로 반기지 않는다. 몇 가지 이유가 있다. 틈새시장은 시장 자체의 규모가 변변치 않기도 하고 한 곳에 집중하다가 잘 안 될 경우 리스크가 크다. 저변이 넓고 고객층이 두꺼운 거대한 시장에서 사업해서 성공하는 것이 바람직하지 않으냐 반문하기도 한다. 컴퓨터를 켜면 보게 되는 마이크로소프트의 윈도우 같은 제품, 11억 인구가 접속하는 페이스북, 수많은 사람이 사용하는 검색 엔진 구글 등, 이 모두 거대한 시장에서 1위를 차지하고 있는 업체들이다. 모든 스타트업이 꿈꾸는 기업이다. 거대한 시장에서 단 1%의 시장점유율을 차지할 수 있다 해도 막대한 매출을 약속하는 것 아니냐고 생각하고 1% 정도는 충분히 달성할 수 있을 거로 생각한다. 미국의 3억 인구 중 1%면 3백만이다. 엄청난 고객층이 아닌가. 1%의 시장점유율은 높지 않은 목표로 보인다.

이렇게 저변이 넓으면 그만큼 성공 확률도 높아진다고 생각하지만, 실상은 그 반대이다. 2000년 초반 한국에서 잘 나가던 보안 솔루션 업체가 있었다. 국내시장을 석권하고 있는 업체가 미국진출을 준비했다. 일반 PC에 깔리는 보안 솔루션으로 국내 IT 시장의 신데렐라였다. 월등한 바이러스 치유능력으로 바이러스가 등장하면 세계에서 가장 빨리 치유 백신을 만들 만큼 기술력에서도 자신감을 보였다. 이러한 자신감을 가지고 업체는 미국 진출을 추진했는데 이미 미국은 시만텍Symantec과 맥아피McAfee라는 보안 솔루션 업체가 확고히 자리를 잡고 있었다. 기술적인 우위를 주장하며 시장 진입을 시도해 현지 소프트웨어 유통업체를 상대로 대대적인 영업활동을 시도했지만 1년 만에 조용히 미국시장에서 철수를 결정했다. 아무리 우수한 성능과 기술을 가지고 있다고 하더라도 이미 시장을 장악하고 있는 거인들과 정면대결을 하는 것은 무모하다고 볼 수 있다.

국내에서 개발된 우수한 기술이나 제품도 미국 시장에 들어가려면 어떤 형식으로든 시장진입 비용을 치르기 마련이다. 이미 시장을 선점하고 있는 강력한 업체와의 싸움이 불가피하기 때문이다. 그러나 어느 시장이든 시장을 장악하고 있는 주요 업체들이 미처 신경 쓰지 못하는 틈새시장 또는 고객층을 찾아 내어 이를 대상으로 특화된 마케팅 전략을 쓰면 좋은 결과를 얻을 수 있다.

컴퓨터 게임을 개발하는 데 사용되는 소프트웨어를 개발하는 한 업체는 데이터를 압축하고 스트리밍 하는 소프트웨어의 개발을 완료하여 국내에서 좋은 반응을 얻은 바 있다. 데이터의 압축률과 스트리밍

속도 면에서 세계적인 업체의 제품에 견주어 손색이 없었다. 이 회사는 미국시장에 진출하기로 했다. 초기 시장조사를 해보니 대부분의 게임 개발 업체들은 이미 자체 솔루션을 가지고 있거나 주요 업체의 제품을 사용하고 있었다. 마이크로소프트 등 강력한 업체들이 이미 시장을 선점하고 있었기에 이 회사는 정면으로 진출하는 것은 무모한 시도라는 판단을 내리고, 1단계 전략으로 전자만화책 시장을 집중 공략하기로 하였다. 만화책을 디지털화하는 전자만화책 시장은 그때 당시는 시장규모가 크지 않았지만, 앞으로 성장의 가능성이 높다고 보고 이를 집중 공략하여 시장을 선점한다는 전략을 수립했다. 특히 데이터를 압축 복원하는 기능이 뛰어난 점을 장점으로 내세워 전자만화책을 개발하는 업체를 대상을 영업에 나섰다. 현재 보스턴에 현지법인을 설립하고 현지 인력을 고용하여 주로 소프트웨어 라이센스 판매에 주력하는 등 안정적인 시장 진입에 성공하였다.

초기에 시장에 진입하기 위해서는 더욱 특화된 시장에서 좀 더 특화된 기능으로 시장에 진입할 수밖에 없다. 틈새시장 침투전략은 전체시장에서 선도적 시장점유율을 확보하기보다는 세분되고 특화된 시장에서 마케팅 노력을 집중해서 그 시장 내에서 의미 있는 시장점유율을 확보하는 것이다. 시장진입의 교두보를 마련하는 것이다. 이런 전략은 규모가 작은 시장에서 한정된 자원으로 일정 부문에서 최대의 수익을 실현하면서 막강한 경쟁자들과 직접적인 경쟁을 피하는 데 가장 효과적인 방법이다. 즉 전쟁으로 말하면 한정된 화력을 목표로 하는 곳에 집중적으로 퍼붓는 것이다. 다시 말해 선택과 집중의 전략이다. 시장을 주도하고 있는 거인들이 신경을 쓰지 않는 세분된 작은 시장에서 소비자들이 요구하는 편익을 제공하고 고객들의 고민과 문제를 해결해 가면서 시장에 진입을 시도하는 것이다. 전체 시장을 전부 아우르는 기존의 판을 깨는 제품보다는 작은 틈새에서 드러난 확실한 경쟁력을 가진 제품과 서비스로 시장에 진입하도록 하자. 물론 그 부분에서 확고한 기술력 또는 서비스의 경쟁력 확보가 필수적이다. 타겟 고객을 정확하게 겨냥하는 제품과 솔루션으로 승부를 겨루자는 것이다.

일반적인 시장에서 틈새시장을 찾아내기 위해서는 수평적 그리고 수직적으로 시장을 구분하여 접근해야 한다.

- **수평적 구분**

수평적으로는 전체 시장을 산업군별로 구분하는 것이다. 즉 같은 제품도 적용분야를 산업별로 나누는 것이다. 가능한 세분된 시장일수록 좋다. 여기에는 기반 기술을 산업별 시장성을 찾아서 적용하는 기술과 마케팅 전략이 필요하다.
- 일반용 데이터 저장 ⇨ 개인 병원용 데이터 저장장치
- 컴퓨터 모니터 ⇨ 컴퓨터 그래픽 업체용 LCD 모니터
- 일반 보안 솔루션 ⇨ 항공업체용 보안 솔루션
- 일반 태블릿 컴퓨터 ⇨ 영어 교육용 청소년 대상 태블릿 컴퓨터

- **수직적 구분**

시장의 고객을 계층별로 구분하고 수직화한 구분이다. 연령, 소득 수준, 교육수준 등 차등화를 통해 확실히 구분한 시장이다.

- 메신저 서비스 ⇨ 노인용 단순 메신저 서비스
- SNS 플랫폼 ⇨ 소년 대상 SNS 플랫폼
- 과일 주스 ⇨ 최고급형 100% 원액 과일 주스
- 햄버거 ⇨ 저지방 고급 수제 버거

예를 들어, 빅데이터를 통한 데이터 마이닝 또는 분석 솔루션을 개발하고 이를 통해 서비스를 고안하여 시장에 진입하려는 스타트업이 있다고 하자. 그들의 솔루션이 일반적인 빅데이터 솔루션으로서 일반 마케팅 광고 업체에 세계 최고의 데이터 분석 솔루션이라고 소개한다면 시장진입이 만만치 않을 것이다. 여기까지는 엔지니어의 과학적이고 기술적인 접근이다. 데이터 처리속도와 그 효율성, 정확성으로 승부를 겨루려는 것이다. 물론 불가능한 것은 아니지만, 기존의 틀을 깨고 시장에서 관심을 끌기란 쉽지 않아 보인다. 빅데이터와 분석은, 이미 여러 업체가 자신들의 솔루션이 최고라고 주장하는 치열한 시장이다. 그렇다면 이 빅데이터 시장을 한번 분류해 보자. 수평적 수직적으로….

시장구분을 영어로 Market Segmentation이라고 한다. 즉 시장을 작은 조각으로 잘라 보자는 의미일 것이다. 시장구분에는 여러 가지 방법이 있지만 일단 수평적 구분으로 생각해 볼 수 있는 것이 산업적인 구분이다. 즉 산업 구분$^{Industrial\ Segmentation}$의 예는 다음과 같다.
- 건강/의료 $^{Health\ Care}$
- 교육 ^{Education}
- 재정/금융 ^{Financial}
- 자동차 ^{Automotive}

- 여행^{Tourism}

- 부동산$^{Real\ Estate}$

자, 그럼 수직적 구분으로 구분해 보자. 여러 방법중에 사실에 근거를 둔 사실적 구분$^{Factual\ Segmentation}$을 적용한다면 다음과 같다.

- 지리적 구분^{Geographic}

- 연령, 성별 등 인구분포^{Demographic}

- 소득$^{Price\ /\ Income}$

빅데이터 기술을 통한 서비스를 시장구분으로 구분해 본 예는 다음과 같다.

Segmen-tation	Geo-graphic	Demo-graphic	Income	Product / Service
Heath Care	미국	중년여성	중산층	여성체질과 과거 의료기록 및 식습관등을 분석해서 적절한 비타민과 건강보조 식품을 권유해 주는 서비스
Education	한국	중학생	저소득	온라인상 무료로 영어 실력평가를 받고 실력에 맞는 디지털 콘텐츠 또는 동영상을 웹상에서 찾아 제공해 주는 저가형 유료 멤버쉽 서비스
Financial	미국	노인	고소득층	자신의 재정상태와 과거 소비 패턴을 분석하여 향후 본인의 경제력 분석 및 각종 재정 계획을 상담해 주는 서비스
Tourism	한국	젊은 부부	중산층	고객의 니즈와 현재 전세계 여행지 관련 정보를 제공하고 고객의 눈높이와 예산을 맞추어 아직 자녀가 없는 젊은 부부에게 적절한 여행지와 일정을 공유하는 서비스

사실 많은 수의 성공적인 기업이 틈새시장에서 시작되었다. 애플 컴퓨터도 당시에는 틈새시장인 개인용 가정용 컴퓨터로 시작했다. HP도 당시에는 시장도 변변치 않았던 애니메이션 제작용 음향 증폭기가 첫 제품이었다. 작은 불씨로 시작해서 불을 밝혀가야 한다. 처음부터 활활 타는 불을 지르려는 것은 무모한 시도라 할 수 있다. 작은 틈새시장으로 시작해서 다른 시장으로 하나씩 하나씩 확장해 나가야 한다. 틈새시장에서 시장점유율을 확장해 가다 보면 전체시장$^{Mass\ Market}$의 부분적인 시장$^{Market\ Segment}$에서 자리를 잡게 되고 어느 순간 메이저 시장에서 자리를 잡을 수 있을 것이다.

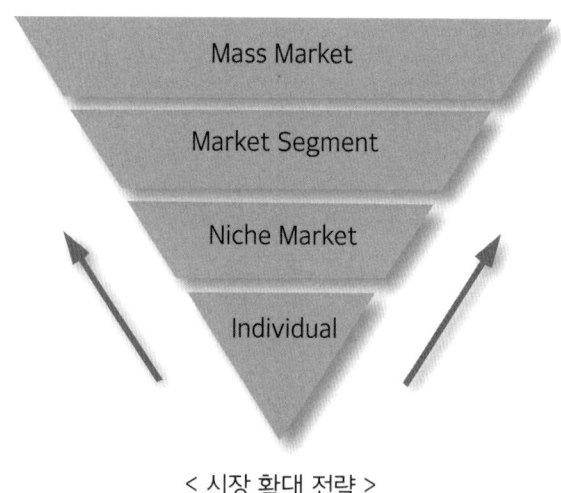

< 시장 확대 전략 >

2. 회사명과 제품명

회사, 제품 그리고 서비스의 명칭은 자칫 간과하기 쉽지만, 공을 들여야 한다. 좋은 이름을 짓기 위해서는 시간과 노력이 필요하다. 특히 미국에서 사업을 추진할 경우 영어로 이름을 지어야 한다. 가능한 회사명과 브랜드에 있어서 현지 고객이 기억하기 쉽고 거부감이 생기지 않도록 특별히 신경을 써야 한다. 미국 현지에서 사업하려면 현지 업체로서 손색없는 회사명과 제품명을 짓는 것은 필수적인 요소이다.

거이 가와사키^{Guy Kawasaki}는 그의 저서 'The Art of the Start'에서 회사명과 브랜드를 만드는 데 있어서 몇 가지 팁을 제시하고 있다.

- **가능한 앞쪽의 알파벳을 사용할 것**

언젠가 회사, 제품. 서비스의 명칭이 알파벳순으로 작성된 리스트에 오를 가능성이 높다면 리스트의 위쪽으로 오르는 것이 좋다. 각종 컨퍼런스, 세미나, 전시회 등의 카달로그나 브로셔를 보면 참가업체 리스트가 있는데 대부분 알파벳 순서로 나열되어 있다. 순서의 앞자리를 차지하는 것이 여러모로 유리하다. 그리고 가능한 알파벳의 X 또는 Z를 명칭에 포함하지 말 것으로 권하고 있는데 이는 원어민들도 정확하게 발음하기가 쉽지 않기 때문이다. 발음하기 쉽고 기억하기 쉬운 이름이 좋다.

- 숫자를 피할 것

브랜드나 명칭을 정하는 데는 여러 가지 방법이 있다. 그렇지만 가능한 숫자는 넣지 말 것을 권한다. 심리학적으로 숫자는 일반적인 명칭에 비해서 기억에 남기가 힘들다.

- 앞으로 명칭이 동사로 사용될 것을 생각해 보라.

사업이 번창할 경우 흔치 않게 회사의 명칭이 동사로 사용될 가능성이 있다. 제록스^{Xerox}라는 회사명은 '복사 또는 카피한다'는 동사로 사용되고 구글^{Google}의 구글링^{Googling}이라는 동사는 인터넷 검색을 의미한다. 최근에는 페이스북^{Facebook}도 사진을 포스팅하는 등의 SNS 활동을 한다는 동사로 사용되고 있다. 즉 일상생활에서 사용할 수 있도록 발음에도 신경을 써야 한다는 것인데 가능한 발음했을 때 부드러운 단어를 사용해야 한다.

- 가능한 여러 개의 단어가 나열된 명칭은 피할 것

여러 개의 단어를 나열한 긴 명칭은 기억하기 힘들다. 단, 약자로 표현했을 때 발음이 간결하고 특별해서 기억이 쉽다면 명칭으로 좋은 인상을 줄 수도 있다. 때로는 원래의 명칭보다는 약자로 더 많이 기억되는 경우도 있다. 그러나 약자를 통해 소비자의 기억에 생생히 남기 위해서는 별도의 노력이 필요하다. 다음과 같은 예를 보자.

EA (Electronic Art)   AOL (American On Line)

HP (Hewlett & Packard)   IBM (International Business Machine)

- **독특한 발음**

독특한 발음을 유발하는 명칭은 기억에 쉽게 남는다. 하지만 중요한 것은 명칭과 하고 있는 사업과의 연관성이 있어야 한다. 명칭만 기억에 남고 무슨 일을 하고 어떤 제품인지를 알 수 없다면 효과가 반감된다. 많은 업체가 이런 실수를 범한다. 명칭과 사업의 연관성은 항상 염두에 두어야 한다. 명칭으로만 기억되는 것은 무의미하다.

- **논리적인 합성어**

독특한 발음을 위해 합성어를 만들 경우 논리적으로 이해될 수 있어야 한다. 사업과의 연관성은 물론 논리적으로 이해할 수 없는 명칭은 발음이 독특하고 좋은 단어를 합성한다 한들 기억에 남기 힘들다. 합성된 명칭의 배후에는 일관성과 논리성이 있어야 한다. 주제가 명확한 명칭이 되어야 한다. 발음과 함께 좋은 명칭의 예를 들어 보자.

- Facebook (face+book) : 사진 중심의 SNS
- Metalica (metal rock + America)
  : 미국을 대표하는 헤비 메탈 락 Heavy Metal Rock 밴드
- Ameritrade (America + trade) : 온라인 주식거래 사이트

• 오래갈 만한 이름을 지을 것

시류에 민감한 명칭은 피하는 것이 좋다. 너무 유행에 민감한 명칭은 그 유행이 지나가면 회사의 명칭을 바꾸어야 하는 경우가 종종 있다. 예를 IT 관련 업체의 경우. Internet, Mobile, Network, Wireless 등의 단어는 시간이 흐르고 기술의 변화가 일어나면 자칫 지나간 기술과 함께 회사의 이미지도 진부하게 느껴질 수 있다. 가능한 오래 지속될 이름이 좋다. 유행과 기술은 시간이 지나가면 변하게 마련이다. 지금 참신한 이름이 10년 후에는 진부해질 수 있다. 시대를 초월한 이름을 짓도록 해야 한다.

• 유명회사와 유사한 이름은 삼갈 것

어떤 사업가든 롤모델로 여기는 성공적인 회사가 있기 마련이다. 간혹 비슷한 느낌이나 발음 그리고 실제 단어를 회사이름에 섞어서 사용하기도 한다. 예를 들어 블랙베리 BlackBerry 라는 회사가 잘 나간다고 해서 블루베리 오디오 Blueberry Audio 라는 이름으로 회사를 만들어 특수한 기

술의 이어폰을 만들어 판매한다고 해 보자. 다행히 제품에 대한 소비자들의 반응이 좋아서 제법 팔려 나간다고 하면 잠시 후 블루베리라는 업체는 블랙베리로부터 편지 한 장을 받을 것이다. 이름을 도용했다는 이유로…. 결국 이름을 바꾸어야 할 처지가 될지도 모른다. 실제로 이런 일은 종종 벌어진다.

- **가능한 외국 회사를 상징하는 이름은 삼갈 것**

흔히 미국에 회사를 설립할 때 회사명에 가능한 USA, International, Asia, Pacific, America 등을 붙이지 말 것을 권유한다. 이러한 단어를 붙이는 동시에 외국인 소유의 회사라는 것을 반쯤은 알려주는 것이다. 외국인 회사로 분류되어 차별을 받지는 않지만, 미국의 세무당국 등에 관심의 대상이 되는 것은 사실이다. 이유는 어떤 경로이든 자금이 해외로 인출되기 때문이다. 따라서 미국 현지에서 사업하려면 가능한 미국식 이름을 짓는 것이 바람직하다.

하지만 기억할 것이 있다. 멋진 회사명과 브랜드도 좋지만 고객이 원하는 것은 품질이다. 어떤 이름도 최고의 품질과 서비스를 능가할 수는 없다. 제품이 먼저이고 그 제품을 대표할 수 있는 멋진 이름이 따라야 한다. 품질이 따르지 않는 제품은 아무리 훌륭한 이름을 붙인다 해도 성공할 수 없다.

3. 나만을 위한 특별한 메시지

제품이나 서비스가 고객 한 사람 한 사람에게 특별한 메시지를 준다면 어떨까? 어떤 제품이라도 개인적인 메시지를 전달해야 한다. 누구나 자신만의 인식과 공감의 세계가 있다. 즉 절대 확신의 감각을 지니고 있다고 믿고 있다. 불행하게도 진실과 인식은 차이점이 있다. 즉 개인적인 관념은 상대적일 뿐이다. 따라서 같은 제품이라도 개인에게 적절한 메시지를 전달하는 제품과 서비스를 만들고 제공해야 한다. 개인의 인식 속에 특별한 메시지로 각인되어야 한다.

고객이 회사와 제품 그리고 브랜드에 친밀한 감정을 가지게 하는 것, 이것이야말로 성공의 핵심이다. 물론 일시적으로 고객이 특정 브랜드에 특별한 감정을 가지기는 하지만 지속적으로 그것을 유지하기는 쉽지 않다. 이런 감정은 제품과 서비스가 전송하는 개별적이고 특별한 메시지가 있어야 가능하다. 그렇지 않으면 구매 동기를 유발하고 고객의 지갑을 열기 어렵다.

그렇다고 개별적인 메시지를 위해 감성에만 호소할 수는 없다. 때로는 지성에 호소해야 하고 지적인 감동도 유발해야 하는 것이다. 그리고 전반적으로 제품과 회사에 대해 호감을 느낄 수 있도록 유도해 나가는 것이다. 즉 머리와 가슴이 동시에 반응했을 때 고객은 더 몰입할 수 있다. 제품이나 서비스가 가진 실제 가치$^{Real\ Value}$와 고객이 느끼게 되는 인식 가치$^{Perceived\ Value}$를 동시에 만족하게 할 수 있어야 한다는 것이다.

그런 점에서 애플 컴퓨터$^{Apple\ Computer}$, 아니 스티브 잡스$^{Steve\ Jobs}$의 접근 방식이 설득력이 있다. 제품이나 서비스들이 가지고 있는 개별적인 메시지가 확실해 보인다. 제품과 그 디자인이 마치 나를 위해 만들어진 것과 같은 특별함을 느끼게 해준다. 그리고 애플의 슬로건인 'Think Different'라는 메시지조차도 내게는 특별하게 전달되어 뭔가 다르게 생각하게 되고, 애플의 제품을 구매하여 사용하는 자체가 남들과 달라진 것 같은 느낌이 들게 된다.

이렇게 일반적인 메시지라도 개별적으로 와 닿도록 해야 한다. 메시지는 개인별로 상황과 인식에 따라 받아들이는 느낌이 다르다. 다음은

제2장 자리 잡기

제품이 가지고 있는 고유의 메시지가 일반적인 의미와 개별적인 의미로 다르게 전달되는 경우이다.

일반적인 의미의 메시지	개별적 메시지
우리가 제작하는 장비는 고객에게 우수한 성능과 저렴한 비용을 약속합니다	우리 장비는 당신의 생산성을 높여 좀 더 많은 여가시간을 드릴 겁니다
지구의 공해를 감소시킵니다	당신의 천식치료에 도움을 줍니다
미국 내 10개 이상의 공항에 허브를 운영하고 있습니다	당신이 원하는 곳 어디든 갈수 있습니다 그리고 당신의 고향길이 더 가까워집니다
전체 지역구의 평균 성적을 높여 드립니다	이제 당신의 자녀도 책을 마음껏 읽게 됩니다

어떤 제품이나 서비스를 구상하든 간에 개별적인 메시지를 담아야 한다. 그것이 고객의 호감을 살 수 있는 최고의 방법이다. 그저 경쟁사보다 우수한 제품을 개발하겠다는 것보다는 고객 한 사람 한 사람에게 특별한 경험을 제공한다는 목표를 가져야 한다.

4. 현실 점검

새롭게 사업을 시작할 준비작업이 어느 정도 끝이 났다고 생각되면 한번쯤 준비가 잘 되었는지 점검해 볼 필요가 있다. 스타트업 입장에서 모든 면에서 완벽할 수는 없다. 가능한 부문별로 챙겨야 할 것들에 대해 그리고 부족한 면에 대해 빠진 것이 없는지 현실점검이 필요하다. 그러기 위해 부문별로 중요 사항을 리스트업하고 질문해야 한다.

1) 조직

- 사업 추진에 필요한 인원은 제대로 갖추어졌는가?
- 담당 인원별 업무 분장과 책임, 권한 배분은 잘 이루어 졌는가?
- 조직원 간 소통을 위한 시스템은 이루어지고 가동되고 있는가?
- 팀원간의 사업에 대한 공감대와 신뢰는 잘 형성이 되어 있는가?
- 비전, 보상, 고통등에 대해 충분히 이해하고 공유하고 있는가?

2) 자금

- 향후 6개월간의 최소 운영 자금은 준비되어 있는가
- 중장기적 자금 계획과 투자 유치 세부 계획은 수립되어 있는가
- 회사의 소유권과 관련된 정확한 구조가 마련되어 있는가
- 앞으로 6개월간 자금 유입이 없다는 가정하에 회사 운영을 위한 생존전략$^{Survival\ Plan}$은 있는가
- 자금운용에 대한 시스템은 정립되어 있는가

3) 제품/서비스

- 제품/ 서비스 개발 계획 및 일정은 수립되었나
- 제품/ 서비스 출시 시점과 제조와 관련된 준비는 되었나
- 생산을 위한 설비 등이 준비되었나
- 시제품 제작의 수준과 고려사항 (운영 매뉴얼 등)
- 시제품 제작 후 시장 점검 방법 및 데이터 수립$^{Lean\ Startup}$, 분석 방법은 있는가

4) 운영

- 업무 공간, 즉 사무실은 확보되었는가
- 업무 추진을 위한 컴퓨터 등 각종 사무기기 및 장비는 확보되었는가
- 업무 진행 프로세스 및 통합 방안 등에 대한 체계는 있는가
- 회계 및 재무, 인사 관리 시스템 등은 수립되어 있는가
- 세무, 법무 등 행정적인 내용 처리를 위한 외부 전문가는 확보되었는가

5) 영업/판매

- 영업 조직 구성 및 운영안은?
- 대상 고객 리스트 수립 및 컨택 포인트는 확보되었나
- 제품출시 및 초기 마케팅 계획은 수립되었나
- 각종 영업 자료(웹 사이트, 카탈로그, 브로셔)는 준비되었나
- 유통, 배송, 고객 서비스 등 기본 인프라는 수립되었나

이렇게 다섯 부문의 기본적인 현실점검을 해보면 부족한 점과 보완해야 할 점을 알 수 있다. 물론 업체별로 리스트의 내용은 다를 수 있다. 새로이 시작하는 사업이니만큼 모든 내용을 완벽하게 준비할 수는 없지만, 본격적인 시작 전에 준비사항을 점검해 본다는 의미가 있을 것이다. 사업을 진행하면서 차근차근 준비해야 할 내용이다.

5. 독특한 기업문화 수립

회사의 자리잡기는 쉽지 않은 프로세스이다. 사실상 어떤 것보다 중요한 것이 기업만의 독특한 기업문화 Corporate Culture의 정착일 것이다. 구성원 모두가 알고 공유하는 적절한 기업문화는 조직전반에 흡수되어 있어 조직원들 모두의 행동에서 나타나는 독특한 문화적인 요소이다. 물론 하루 아침에 생겨나지 않는다. 그리고 사업을 시작하는 시점에서는 기업문화라는 것이 사치스런 것일 수도 있다. 하지만 처음부터 꾸준히 알리는 노력이 필요하고 서로 공감할 때만 정립될수 있다. 창업자 본인 뿐 아니라 직원들 한사람 한사람이 알고 있는 회사의 정신이자 가치이다.

각 사회에 고유한 문화가 있고 개인에게 독특한 개성이 있듯이 기업도 독특한 문화적 특성을 가지고 있어야 한다. 기업문화의 기능 중 하나는 기업문화를 통하여 기업 구성원의 공통적인 행동을 이해할 수 있다는 것이다. 기업문화는 구성원의 공유가치를 나타내기 때문에 기업문화를 이해함으로써 구성원들의 공통적인 행동양식을 이해할 수 있다. 기업문화의 또다른 기능은 구성원들로 하여금 기업과 동일성을 갖게 한다는 것이다.

기업문화는 구성원들에게 기업의 기본가치와 고유특성을 전달하고 기업과 동일성을 느끼게 한다. 또한 구성원들이 소속된 조직 또는 기업과의 관계를 잘 이해하도록 하여 구성원들의 소속감을 강화시킨다. 기업의 기본가치가 구성원들에게 전달되어 구성원들의 일체감이 형성되는데 궁극적으로는 구성원의 만족감이 높아지고 적극적이고 열정적인 자세를 갖게 되어 긍정적인 영향을 준다. 기업문화는 필요 조건이 아니라 필수 조건이다.

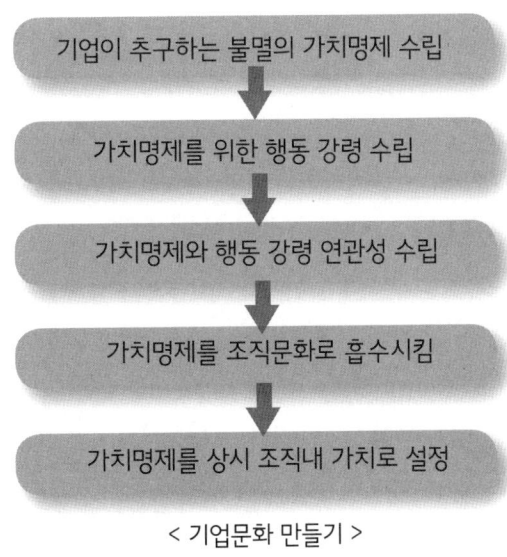

< 기업문화 만들기 >

제3장
피칭

피칭은
사업 활동의 본격적인 시작이라 해도 과언이 아니다.
사업활동은 투자유치, 영업, 사업소개 등
여러 경우가 포함된다.
피칭은 제품과 기술은 물론 판매 및 자금계획 등을
적절히 설명하고 그 뜻한 바 목적을 달성하는
매우 중요한 활동이다.
특히 스타트업의 투자 유치에 있어서
피칭은 가장 중요하다.

그렇다면
어떻게 단순히 내용을 전달하는 것을 넘어서
듣는 사람들에게 감동을 줄 수 있는 피칭을 할 수 있을까?

1. 대상을 알고 시작할 것

사업설명은 영어로 하자면 'Business Plan Presentation'이라고 할 수 있다. 하지만 '피칭^{Pitching}'이라는 단어를 사용하고 있다. 야구에서는 투수가 공을 던지는 것을 피칭이라 한다. 공을 던지는 선수를 피처라고 하는데 피처의 공은 속도도 중요하지만, 그 정확성이 더욱 중요하다.

그렇다면 사업활동 중에 벌어지는 피칭도 그 내용과 의도가 목표점에 정확히 도달해야 한다고 볼 수 있다. 가장 먼저 해야할 일이 피칭의 대상자를 정확히 알아내는 것이다. 즉 대상에 따라 피칭의 방식은 물론 내용도 달라져야 한다.

적을 알면 백전백승

물론 투자자나 사업 파트너는 적이 아니다. 하지만 피칭의 대상을 좀 더 알면 알수록 목표에 도달할 가능성이 높다. 피칭을 위한 미팅이 정해지면 사전에 피칭의 대상에 대해 가능한 많은 내용을 알고 가는 것이 유리하다. 미팅이 시작되기 전에 피칭 대상자에 대해 다음과 같은 사전조사가 이루어져야 한다.

- 대상자는 현재 당신의 회사와 사업에 대해 얼마나 알고 있는가
- 대상자가 당신의 회사에 대해서 가장 알고 싶은 세 가지는 무엇인가
- 피칭을 통해 대상자가 알고 싶은 이슈, 질문 또는 내용은 무엇인가
- 피칭의 참가자 중 최고령자의 연령과 직급은 어떻게 되나
- 의사결정자는 참가하는가

또한 대상자가 소속된 회사 또는 기관에 대해 사전조사를 시행하는 것이 좋은데 가능한 여러 채널을 통해서 다음의 내용을 검토해 보고 정보를 수집해야 한다.

- 대상자가 소속된 기관 또는 회사의 기본 정보
    - 창업자는 누구인가
    - 주요 제품과 사업은 무엇인가
    - 자금원과 자본금을 투입한 투자자는 누구인가
    - 창업 배경과 창업 정신, 그리고 역사를 알고 있는가

- **참가 대상자**
    - 대상자의 조직에서의 직위와 직급을 아는가
    - 대상자가 이전에 일하던 회사나 기관을 아는가
    - 대상자의 신상정보(나이, 출신 학교, 주요경력 등)를 아는가
    - 대상자의 의사결정 권한 여부 및 권한 내용을 아는가

- **현황 파악**
    - 현재 참가 대상자가 속해 있는 조직현황에 대해 아는가
    - 그 조직의 문제점과 현안은 무엇인가
    - 조직이 현재 추구하거나 직면한 최대 목표 또는 목적은 무엇인가

마지막으로 팀원들과 함께 브레인스토밍을 통해서 관련 대상자들에 대한 아이디어를 모으고 대상자에게 강한 인상을 줄 수 있는 피칭 방법에 대해 의견을 나누어 철저한 준비를 해야 할 것이다.

2. 10/20/30 법칙

거이 가와사키$^{Guy\ Kawasaki}$는 'the Art of the Start'라는 그의 저서에서 효과적인 피칭을 위해서 몇 가지 법칙을 제시하고 있다. 피칭은 너무 짧아서도 안 되지만 너무 길어서도 안 된다. 잘 진행된 피칭은 피칭 자체는 짧더라도 피칭 후에 나오는 질문과 후속 설명 등으로 실제 피칭 시간보다 길게 진행된다. 그만큼 관심을 많이 끌었다는 증거이다.

가와사키는 이를 10/20/30 법칙으로 설명하고 있다.

- 10 슬라이드 내외로
- 20분 이상 하지 말고
- 30 포인트의 큰 글자 크기

10 슬라이드

과연 청중들이 당신의 피칭 중에 어떤 내용을 기억하고 있을까? 당신이 설명한 것 중에 하나의 메시지만이라도 기억한다면 목적을 이룬 것일 수도 있다. 도대체 무슨 사업을 하는 회사이고 어떻게 돈을 벌 것인가? 결국, 이것이 가장 중요한 내용이 될 것이다. 따라서 너무 많은 내용을 한꺼번에 쏟아낸다는 것은 무모한 것이다. 특히 피칭이 장구한 기술 설명회가 되어서는 안 된다. 피칭에서 모든 것을 설명하려 하지 말고 간결하고 강렬한 인상과 지속적인 관심을 불러일으키는 자리로 삼아야 한다. 분명히 기억할 것은 피칭을 다음 단계로 넘어가기 위한 교두보로 삼아야 한다는 것이다. 첫 만남 또는 첫 피칭에서 모든 내용을 알려주기는 무리이다.

예를 들어 보자. 투자유치를 위한 피칭이었다면 좀 더 구체적인 조건이나 내용을 위한 후속 미팅이 가능하게 하는 것이 목표가 되어야 한다. 영업을 위한 피칭이었다면 시제품 설치 또는 기술평가를 시작해 보자는 것이 목표가 될 것이다. 만일 파트너십을 위해 피칭을 했다면 다음에 실무자들이 만나서 스케줄과 실행계획을 만들어 보자고 하면 목적을 이룬 것이다.

즉. 피칭에서 모든 정보를 주고 모든 것을 결정지으려 하는 것은 무리이고 상대방에게 부담만 가중시킬 수 있다. 오히려 일을 그르칠 수도 있다는 것이다.

> 피칭이란 관심을 고조시키는 것이 목적이다.
> 의사결정을 위한 것이 아니다 !
> - 거이 가와사키 Guy Kawasaki -

피칭은 10개의 슬라이드로 충분한 설명이 되어야 한다. 10개의 슬라이드에 중심이 되는 내용을 넣어서 가능한 짧은 시간에 핵심을 끌어낼 수 있어야 한다. 그리고 절대로 15개의 슬라이드를 넘어선 안 된다. 가능한 본인과 청중 모두에게 유추나 예상이 가능한 내용의 슬라이드는 피칭 자체를 지루하게 만들고 신선함을 떨어뜨린다. 투자자를 대상으로 한 피칭의 10개의 슬라이드는 다음과 같이 구성할 수 있다.

10개의 슬라이드 구성

<Slide 1> 사업 아이디어 또는 컨셉

사업의 개요를 설명하고 개발하려고 하는 제품과 서비스 등을 개략적으로 설명한다. 어떤 사업을 하고 있는지를 알 수 있어야 한다.

<Slide 2> 해결을 위한 문제 또는 충족되지 않은 요구사항 제시

현재 시장에서 존재하는 또는 생길 수 있는 문제, 또는 시장에서 요구하는 충족되지 않은 고객의 니즈를 설명하는 슬라이드이다. 중요한 것은 청중들에게 그러한 문제나 요구사항이 존재한다는 것을 이해시키는 것이다.

<Slide 3> 해법 또는 해결방안 제시

문제점을 제시하면 그에 따른 해법을 제시해야 한다. 장구한 기술설명이 아니라 고객의 고통과 니즈를 어떻게 해결할까 하는 핵심을 지적해야 한다. 나아가서는 문제의 해법뿐만 아니라 사업을 통해서 궁극적으로 이루고자 하는 바를 설명할 수 있어야 한다. 당신이 이룩하려는 가치를 명확하게 전달할 수 있어야 한다.

<slide 4> 수익 모델

돈은 어떻게 벌 것인가라는 화두를 던진다. 고객은 누구이며 어떤 채널을 통해 유통시킬 것인가, 수익구조는 어떻게 되는가를 설명한다. 중요한 것은 아무리 혁신적인 수익모델을 가지고 있다 하더라도 가능한 한 쉽게 설명할 수 있어야 한다는 것이다. 현재 보유하고 있는 고객 리스트 또는 타겟으로 하고 있는 고객명단이 있으면 구체적으로 소개해도 좋다.

<Slide 5> 요술방망이

당신만이 가지고 있는 요술방망이는 무엇인가. 보유하고 있는 핵심 기술, 특허 등 독특하고 차별되는 요소들을 설명하는 기회이다. 가능한 한, 말보다는 도표, 디자인, 그래프, 설계도 등 시각적인 표현이 효과적이다. 검증된 결과를 보여주는 기회이면서 설명하고자 하는 바와 강점을 가장 강력하게 나타낼 수 있는 장이다. 가장 핵심이 되는 슬라이드이다.

< Slide 6> 마케팅과 영업

고객에게 다가가는 방법을 설명한다. 마케팅 전략을 설명하고 영업을 하게 되는 구체적인 방안을 수립한다. 현재 또는 미래에 사용될 영업의 독특한 스토리라인을 전달한다. 피칭의 대상자가 자신들이 고객이라 생각하고 접근방법이 이해가 될 수 있도록 해야 한다. 어떻게 접근하고 어떻게 고객층을 늘려나가겠다는 계획이 포함된다.

<Slide 7> 경쟁 분석

현재 시장의 경쟁상황을 설명하고, 보유하고 있는 제품이나 서비스의 경쟁우위를 설득한다. 주의할 점은 너무 비현실적인 단어, 즉 '세계 최초' '세계 최고' '현재 업계의 제품보다 50배 빠른' 등의 과장된 단어이다. 이런 표현은 자칫 전체 피칭의 신뢰성을 떨어뜨릴 수 있다. 좀 더 실무적이고 구체적인 단어 또는 수치를 제공하는 것이 믿음을 준다. 또한, 현재 업계의 선두업체들의 단점은 물론 장점도 잘 알고 있다는 인상을 주는 것이 좋으며 경쟁사의 나쁜 점을 지적하는 것보다, 설명하고 있는 제품과 서비스의 우수성에 더 집중해야 한다.

<Slide 8> 팀 구성

팀의 키멤버를 소개하는 자리이다. 또한 이사회 구성, 고문, 멘토 그리고 투자자까지 회사에 영향력을 끼칠 수 있는 인물은 모두 소개한다. 처음부터 완벽한 팀으로 구성되었다는 것보다는 열정과 신뢰성 그리고 실력을 가지고 있다는 것에 주력하도록 한다. 세상에 완벽한 팀은 없다. 하지만 지속적으로 더 나은 팀을 구성할 계획을 세우고 있다는 것을 알리면 된다.

<Slide 9> 매출 및 수익 계획

앞으로 3년간 매출 및 수익계획을 만드는데, 수익원^{Revenue}과 비용^{Cost}의 상세 내용을 엑셀로 정리하여 예상 손익계산서를 만든다. 이 손익계산서를 바탕으로 재무계획을 정리하며 언제 손익분기점을 달성할지와 영업이익의 규모를 설명한다.

<Slide 10> 현황 및 목표달성

마지막 슬라이드는 제품과 서비스의 개발 현황과 향후 출시 계획 등 실행계획 및 일정을 포함한다. 더 나아가서는 사업 확장 계획을 간단히 설명하는 기회인데 여기에는 로드맵 또는 의미 있는 성과를 상징적으로 나열해 간략하게 정리해 주는 것이 필요하다.

10개의 슬라이드와 더불어 한두 개의 슬라이드가 더해질 수도 있다. 기술, 영업전략 그리고 현재 고객, 또 다른 추진안 등, 가능한 10개의 슬라이드에 중요한 내용을 전부 담을 수 있어야 한다.

20분 규칙

보통 미팅은 1시간 정도 진행된다. 하지만 청중들의 집중도를 위해서 피칭의 경우 20분 내로 끝내는 것이 바람직하다. 더 길어지면 집중력은 물론 피칭 자체가 진부해지고 핵심을 벗어날 수 있다. 따라서 20분 정도에 걸쳐 10개의 슬라이드로 강한 메시지를 전달하는 것이 관심을 지속시킬 수 있다. "이 친구들을 다시 만나 자세한 이야기를 들어봐야 겠군!" 이라는 반응을 만들어 내는 데는 20분이면 충분하다.

피칭은 짧게 하고 나머지 시간은 피칭의 내용에 대한 질의와 응답의 시간으로 사용하면 전체 피칭에 있어서는 훨씬 효과가 있다. 피칭은 강의 시간이 아니다. 간단하게 설명하고 피칭의 대상자들과 소통하는 것이 낫다. 20분 피칭/30분 질의로 구성하는 것이 40분 피칭/10분 질의보다 성공적인 피칭이다. 피칭은 가르치는 것이 아니라 소통의 장이 되어야 한다. 피칭이 끝나고 질문이 없다면 완벽한 피칭이거나 아니면 전혀 관심을 이끌어 내지 못했다는 것이다. 하지만 후자일 가능성이 높다. 질문을 받지 않으면 질문하라. 피칭에서 최소한 목표를 이루지 못했다 하더라도 청중들의 피드백이라도 알고 가야 하지 않을까.

시간을 정해서 꾸준히 연습하더라도 20분을 넘기지 마라. 특히 30분을 넘으면 이미 그 피칭은 실패할 확률이 매우 높다.

30 포인트 글자 크기

피칭에 보통 프로젝터를 사용한다. 슬라이드를 화면에 올려놓고 설명을 해나간다. 기본적으로 슬라이드에 많은 내용이 깨알 같은 글씨로 쓰여 있는 것은 좋지 않다. 첫째 이유는 청중들이 슬라이드를 읽느라 발표자의 말에 귀를 기울이지 않기 때문이다. 30 포인트 글자 크기는 스티브 잡스가 가장 많이 사용했던 글자 크기이다. 그의 피칭을 보면 슬라이드에 몇 개의 단어 이외에는 없다.

청중의 관심을 끄는 피칭을 하려면 많은 글자를 나열하지 말고 주제어와 그래픽을 적절히 조화시킨다. 글자 크기를 크게 하라는 것은 그만큼 고민이 서려 있는 절대적인 주제어를 생각해야 한다는 뜻이다. 슬라이드 상에 글자를 줄이고 그 대신 핵심적인 키워드로 청중의 관심과 그들을 집중시키는 피칭이 필요하다. 그리고 강력한 언어로 설명할 수 있어야 한다.

슬라이드는 청중을 리드하는 데 필요하다. 하지만 그저 읽는 것이 아니다. 청중은 발표자가 말하는 것보다 빠르게 슬라이드를 읽어 나갈 것이다. 너무 많은 정보가 슬라이드에 담기면 청중은 발표자의 말을 들을 필요가 없다. 기억하라!

Use slides to lead, not read!
슬라이드는 리드[lead]하라는 것이지 리드[read]하라는 것이 아니다.

- 거이 가와사키[Guy Kawasaki] -

---

3. 과장은 금물 : 현실적인 접근

피칭을 위해서 철저한 준비를 하겠지만 피칭을 할 때 가장 조심해야 할 것 중 하나가 의욕이 앞서서 피칭 자체가 과장된 인상을 줄 수 있다는 것이다. 본인은 현실적이거나 보수적인 접근 방법이라고 생각할지 모르지만 보는 사람의 입장에서 피칭의 내용이 너무 과장되고 비현실적으로 보이면 신뢰성이 급격히 떨어진다. 피칭은 신뢰성을 바탕으로 해야 한다. 그 내용이 옳고 그름을 떠나서 믿음을 주지 않는 피칭은 모래 위의 성과 같다. 피칭을 준비하는 데 있어서 내용상 몇 가지 주의할 점이 있다.

1) 과장된 시장 규모

가장 먼저 범하는 실수 중 하나가 바로 시장 규모를 과장하는 것이다. 예를 들어 보자. 규모가 연간 500억 불인 어떤 시장이 있다고 하자.

각종 컨설팅 업체나 관련 데이터 업체의 시장분석 자료를 인용하여 거대한 시장이라고 하고 그 시장에서 시장 점유율 1~2%만 차지해도 몇억 불의 매출이 가능하다고 설명한다. 이러한 접근은 신빙성을 떨어뜨린다. 가능한 한 시장을 세분하고 해당 시장에서 적절한 규모로 사업을 추진하는 것으로 보이는 것이 좋다.

따라서 세분된 시장분석을 통해서 지금 하고 있는 사업이 어느 시장에 해당하는지를 파악하고 그에 따라 경쟁상황을 분석하는 것이 좋다. 시장에 대한 분석이 세밀할수록 시장과 경쟁상황에 대한 인지도가 높다는 것을 보여줄 수 있다. 막연히 거대한 시장에서 많은 매출을 올리겠다는 것은 자칫하면 무모해 보이기도 한다. 세분된 시장에서 경쟁우위를 차지하겠다는 접근이 설득력이 있다.

2) 최고와 최초

사업 소개 피칭에서 가장 흔하게 듣는 단어가 '최고'와 '최초'라는 단어이다. 물론 이 세상의 모든 제품은 세계 최초이다. 피칭에서 사용하는 이런 단어들은 공감을 이끌어 내기 어렵고 오히려 효과를 반감시키는 면이 있다. 물론 정확한 데이터를 사용해 직접적으로 비교하는 자료는 도움이 될 수도 있지만 쉽게 '최고'와 '최초'를 남발하면 전체적인 피칭의 신뢰성을 떨어뜨린다.

3) 무모한 수치와 된 숫자

제품이나 서비스의 성능을 비교하는 데 있어서 구체적인 수치를 제공하는 것은 바람직하다. 하지만 너무 단편적인 면만을 강조해서 현실성이 없는 수치로 표현하는 것 역시 전체적인 신뢰성을 떨어뜨린다. 예를 들어 '현재 시장점유율 1위의 업체의 제품에 비해 100배 이상 빠른 속도' 또는 '향후 매출신장률 300% 이상을 확신한다' 등 너무 단편적인 비교는 자칫 경쟁사 제품의 시장성을 이해하지 못하고 단순한 성능만을 비교하는 아마추어로 보일 수 있다.

4) 너무 많은 가정과 무모한 긍정

사실상 피칭은 가장 좋은 조건에서 사업이 진행된다고 가정하게 된다. 소위 '베스트 시나리오$^{Best\ Scenario}$'를 가정한다고 볼 수 있다. 하지만 피칭의 참가자나 대상 모두 그런 최선의 시나리오대로 될 확률이 매우 낮다는 것을 이해하고 있다. 따라서 사업을 추진하는 데 있어서 기본적으로 마주하게 되는 리스크나 돌발변수를 이해하고 대비하고 있다는 것을 보여 주는 것이 좋다. 모든 것이 장밋빛으로 진행된다고 생각하는 것보다는 현실을 직시하고 다가올 상황에 대해 인지하고 있다는 것이 믿음을 준다.

즉, 앞으로 직면할 위험요소에 대해 언급하고 그것을 준비하고 있다는 인상을 주라. 무모할 정도로 긍정적인 시나리오를 기준으로 피칭을 진행한다면 몽상가로 비칠 수 있다. 성공을 위해서 어떤 가정과 조건을 충족해야 하는지, 각종 위험요소에 대해 인지하고 있고 그에 대해 어떤 대비책이 있는지에 관한 내용을 포함하도록 한다.

5) 현실을 정확하게 보여줄 수 있는 솔직함

피칭은 그 내용에 솔직함이 엿보여야 한다. 현재 상태에 대해서 모든 내용을 솔직하게 밝히도록 한다. 부정적인 면이나 논쟁의 대상이 될 부분을 무시하지 말고 사업이 위치한 현 상태를 정확하게 말할 수 있어야 한다. 과거에 누군가 사업제안을 거절했다면 그것도 밝혀라. 이미 알고 있을 수도 있다. 이전에 거절당했다고 해서 좋은 아이디어나 기획을 놓치는 사업가는 필요 없다는 자신감이 요구된다. 현재의 불리한 상황도 반전으로 이끌겠다는 열정적인 자세가 중요하다.

4. 프레젠테이션 슬라이드 만들기

피칭을 하려면 프리젠테이션 슬라이드를 만들어야 한다. 슬라이드는 의도하는 바를 전달하기에 가장 중요한 도구이다. 따라서 슬라이드의 내용뿐 아니라 디자인 등 세세한 부분까지 신경 써야 한다. 의도하는 바를 정확하고 강하게 전달하기 위해서는 피칭의 대상자들이 집중하고 더 많은 내용을 기억할 수 있도록 만들어야 한다. 슬라이드를 구성하는 데 있어서 그 내용 이상으로 중요한 몇 가지 요소를 알아보자.

- **어두운 배경**

어두운 배경이 좀 더 전문성이 있어 보이고 무게가 느껴진다. 일반적으로 너무 밝고 화려한 배경은 피칭 전체를 가볍게 하며 전문성이 결여되어 보인다. 그리고 밝은 화면은 시각적으로 피로감을 준다.

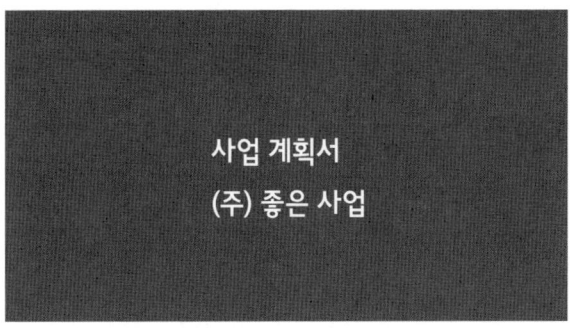

사업 계획서
(주) 좋은 사업

- 일반적이고 명확한 글자체와 글자 크기

가능한 일반적이고 눈에 익숙한 글자체가 편하다. 너무 현란하거나 생소한 글자체는 부담스러울 뿐이다. 한글의 경우 일반적 고딕체, 영문의 경우 Arial 글자체가 일반적이다. 글자의 크기도 하나로 통일하는 것이 단순하고 깔끔한 인상을 준다.

Arial font - 30point

- **동영상은 짧고 강하게**

최근 피칭에 동영상을 포함하는 경우가 있다. 동영상은 제품이나 서비스를 이해하는 도움이 되지만 피칭 전체를 동영상으로 보여주려고 하는 것은 좋지 않다. 따라서 가능한 동영상은 2분 내외로 제작하는 것이 좋다. 동영상이 실제 상황이든 아니면 애니메이션이든 부가적인 요소가 되어야지 동영상으로 모든 것을 설명하려는 것은 바람직하지 않다.

- **그래프, 다이어그램, 도표 등을 이용**

설명을 할 때 시각적인 요소가 글자로 설명하는 것보다 효과적일 수 있다. 피칭의 슬라이드 전체를 글자로 설명하기보다는 가능한 한, 그림이나 그래프, 도표 등 시각적인 자료를 사용하고 이를 설명하는 방식이 효과적이다. 특히 피칭의 하이라이트, 즉 가장 주지시키고 싶은 내용을 설명할 때는 시청각 자료를 사용하도록 하자.

- **불필요한 내용은 잘라내기**

여러 가지 사실과 자료를 충분히 모았으나 이 모든 것이 상대방을 설득하는 데 도움이 되지 않는다면 과감하게 잘라내야 한다. 개발 중이나 시장조사 중에 놀라운 사실을 발견하게 되는 경우가 종종 있지만, 이해시키고 설득하는 데 절대적으로 중요하지 않으면 아쉽지만 삭제해야 한다. 피칭의 내용에는 독특하고 특별한 사항을 포함해야 한다. 꾸준히 고민하고 수정을 가해야 한다. '설마?' '정말이야?'하는 반응이 나오도록 해야 한다.

피칭을 잘하기는 쉽지 않다. 꾸준히 다듬고 연습하는 것이 피칭의 능력을 향상시키는 지름길이 될 것이다.

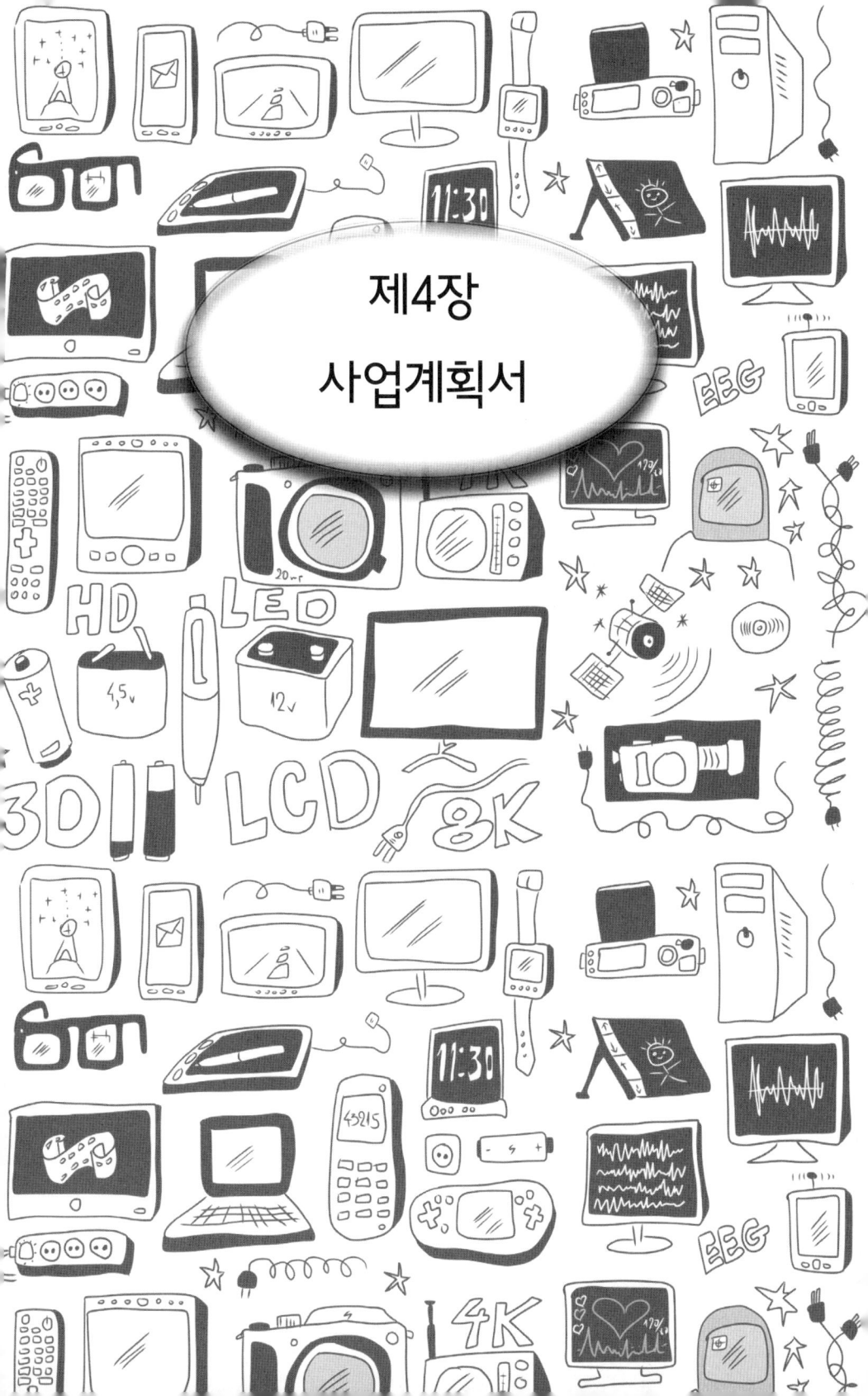

제4장
사업계획서

사업계획서는

전체 사업의 가이드라인이다.

특히 미국의 투자자는 대부분의 경우

투자 검토 과정에서 사업계획서를 요구한다.

사업계획서는 단지 투자 목적으로만 필요한 것은 아니다.

사업을 추진하는 데 필요한 여러 가지 내용을

조사하고 점검하고 계획하는 과정이다.

미국의 창업자들이 사업을 구상하고 가장 먼저 하는 일이

바로 사업계획서의 작성이다.

자신의 사업에 대한 마스터 플랜 - 사업계획서를 작성해 보자.

1. 사업계획서의 용도

사업계획서는 사업의 전체적인 방향과 실행의 가이드라인이 되는 마스터 플랜이라고 볼 수 있다. 즉 사업을 진행하는 창업자들이 앞으로 어떻게 무엇을 위해 사업을 해 나가겠다는 것을 문서화시킨 것이다. 하지만 많은 경우 사업계획서는 투자유치에 사용된다. 그럼 사업계획서가 투자자가 투자 여부를 정하는 결정적인 요인이 될 것인가? 실상은 사업계획서만을 통해서 투자가 결정되는 경우는 드물다고 볼 수 있다. 그런 점에서 사업계획서보다는 피칭의 중요성이 더욱 높다. 투자자 대부분의 관심과 결정은 사업계획서보다는 피칭에 좌우된다.

투자자가 사업이나 투자에 대해 긍정적인 판단을 한다면 사업계획서는 그러한 결정을 더욱 가속화시킬 수 있는 자료이겠지만 부정적인 판단이라면 투자자는 사업계획서 자체를 열어 보지도 않을 것이다. 창업자들은 이메일로 보낸 사업계획서를 투자자가 읽고 나서 "투자를 결정했으니 은행 계좌 번호를 알려 주시오."하는 말을 들을 수 있을 것으로 생각한다. 하지만 그런 일은 벌어지기 어렵다. 투자 유치 활동을 하다 보면 사업계획서에 대한 비중이 생각보다 낮다는 것을 알 수 있다. 직접 만나보고 피칭을 들어보고 여러 가지 검증 과정을 거쳐 투자를 결정한다.

창업자가 사업을 시작하면 가장 먼저 사업계획서를 작성한다. 사업에 대한 전반적인 내용을 객관적이고 체계적으로 검토하고 작성하게 된다. 시장 분석은 물론 사업 추진에 필요한 방법과 절차, 활동범위 등을 문서화하고 사업의 성공 가능성을 다시 한번 점검하게 된다. 사업에 있어서 강점과 약점을 짚어 보고 여러 요인을 다시 인식하는 기회가 되며 본격적인 사업 추진을 위한 지침이 된다.

사업계획서는 피칭에서 사용된 슬라이드의 기준이 되기도 한다. 사업계획서는 가능한 구체적이고 객관적으로 작성하도록 한다. 막연한 계획과 의지의 표현을 넘어서 읽는 사람으로 하여금 믿음과 신뢰를 주어야 할 것이다. 여러 가지 요인을 점검하고 효율적으로 사업과정을 수행해 성공률을 높이기 위해서는 어떤 전략을 채택할지, 경쟁 상황을 분석하여 적절한 결정을 내리도록 하는 과정이다. 만일 투자 받기를 원한다면 사업이 제공하는 기회와 가능성을 투자자에게 체계적으로 설명하는데 사업계획서를 잘 활용하도록 한다.

1) 창업자에게 사업계획서란?

• **창업자들의 생각의 정리**

사업계획서는 창업멤버들이 모여 서로의 생각을 정리할 기회를 제공한다. 창업자들은 각자 자기 생각을 나누고 나아가서는 회사의 비전 그리고 실행 계획을 함께 수립하면서 서로의 생각을 정리하고 공유하게 된다. 또한, 사업을 추진하는 과정에서 참여하게 되는 투자자, 동업자, 직원들과의 의사소통을 위한 자료로 사용될 수 있고 말로만 설명하기 어려운 부분을 이해시키는 보조 자료의 역할도 할 수 있다. 사업계획서는 내부적으로 공감대와 이해를 얻는 데 중요한 자료가 된다.

• **사업의 성공 가능성**

사업계획서는 성공 가능성을 객관적으로 타진할 좋은 기회이다. 작성 과정에서 사업모델의 문제점, 장애 요인 그리고 각종 변수를 발견하게 되고 타당성을 심도 있게 검토해 볼 수 있다. 사업계획서를 작성하면서 기본적으로 하게 되는 시장 분석, 경쟁사 분석을 통해서 좀 더 시장성 있는 사업모델로 진화해 나갈 수 있다. 즉 사업의 실현 가능성, 또한 성공 가능성을 높이기 위해 더 생각하고 고민하는 기회가 될 것이다.

• **사업 초기의 행동강령**

사업계획서는 사업 초기에 업무량이 많고 처리해야 할 일이 많은 상황에서, 사업실행의 우선순위를 정해 주고 중요한 행동 지침을 제공한다. 즉, 사업 초기에 벌어지게 되는 혼선과 혼란을 최소화시켜주는 가이드라인 역할을 할 수 있다. 초기에 창업멤버들이 각자 무엇에 집중해야 하는지, 사업화와 경쟁우위를 위해 우선적으로 무얼 만들어 가야 하는 지 명확하게 정의하고 추진하기 위해 사업계획서가 필요하다.

2) 투자자에게 사업계획서란?

• 투자 타당성 검토

사업계획서는 투자활동의 시작이 되는 기본적인 자료로, 사업가와 투자자가 직접 만나 피칭을 하기 전에 투자자와 최초로 접촉하게 하는 매개물이라고 볼 수 있다. 투자자에게 피칭한 후에는 의사 결정에 도움을 주는 중요한 자료의 역할을 할 것이다.

• 경영진의 능력 평가 자료

창업자들은 열과 성을 다해서 사업계획서를 작성한다. 투자자들이 사업계획서를 통해서 가장 관심을 가지는 분야는 창업자 또는 경영진이 계획된 사업을 성공시킬 수 있는 능력이 있는지다. 잘 쓰여지고 구성된 사업계획서는 창업자들의 생각의 정리라는 면에서 보면 그들이 얼마나 처절하게 고민을 했는지 그리고 얼마나 많은 조사와 생각을 많이 했는지를 보게 된다. 나아가서는 사업계획서에 나타난 여러 가지 내용을 바탕으로 실현 가능성을 타진한다. 사업계획서는 어느 경우나 내부적으로는 사업의 가이드라인이고, 외부적으로는 투자를 위해서나 또는 자금조달을 위해서 보여줄 수 있는 창업자들의 사업 추진 및 실행 계획을 혼을 담아 표현해낸 중요한 문서이다.

2. 첫인상을 좌우하는 사업 개요

사업계획서를 열면 가장 먼저 접하는 것이 사업 개요 Executive Summary이다. 사업계획서의 가장 중요한 부분이다. 사업 개요를 읽고 나서 사업계획서를 계속 읽어 나갈 것인가 아닌가를 결정하기 때문이다. 사실상 사업계획서를 읽고 나서 관심이 생긴다면 투자자는 후속 미팅을 요청해 피칭의 자리를 마련할 것이다. 하지만 사업 개요가 투자자의 관심을 자극하지 못한다면 시작도 하기 전에 실패가 예견되는 것 아닐까. 심지어 사업계획서의 본문은 읽지도 않고 쓰레기통으로 직행할 수도 있다. 따라서 사업계획서에 기울이는 노력의 70% 이상을 사업 개요에 쏟아야 한다. 사업계획서의 첫인상이자 가장 중요한 것이 이 사업 개요이다.

사업 개요는 투자자에게 사업계획을 간략하게 보여 주는 것이다. 당연히 최대한 관심을 끌 수 있게 강력한 메시지를 전달하도록 작성해야 한다. 하지만 여기에는 소비자에 제공하는 가치 또는 가치명제, 개발하고 공급할 제품과 서비스, 대상 시장 또는 고객, 경영진에 대한 자료, 투자 규모와 조건, 그리고 투자자들이 합리적인 선에서 어느 정도의 수익을 기대할 수 있는지에 대한 전반적인 내용도 담겨야 한다.

투자자는 비록 대략 훑어보는 수준이라도 사업 개요를 가장 먼저 읽어 본다. 사업 개요가 잘 작성되어 있다고 반드시 투자로 연결되는 것은 아니지만 엉성하게 쓰인 사업 개요가 투자자의 등을 돌리게 하는 것은 확실하다. 사업 개요가 사업계획서의 모든 내용을 짧게 요약하여 설명하는 것이라 가볍게 생각하지 말고 사업에 대한 배경과 전략 그리고 가장 중요한 열정을 전달하려 해야 한다. 즉 사업 개요를 읽기 시작한 후 30초 내에 투자자의 흥미를 유발해야 한다. 따라서 내용은 물론 문장도 간결하고 강하고 매력적으로 구성해야 한다.

사업 개요는 사업계획서의 첫 장에 위치하지만 사업계획서를 다 쓴 후에 작성한다. 이는 사업계획서를 완성하고 사업 전체에 대해 완벽하게 이해해야만 훌륭한 사업 개요를 뽑아낼 수 있기 때문이다. 사업에 대한 이해도가 가장 높은 사람이 심혈을 기울여 작성해야 한다.

사업 개요에 포함해야 할 몇 개의 중요한 요소들이 있다.

1) 강렬한 첫인상
일단 얼마나 대단한 아이디어를 가지고 있는지를 직관적으로 전달하는 첫 문장을 기획해야 한다. 첫 문단을 읽고 나서 어떤 사업을 하고 있는지를 파악할 수 있어야 한다. 사업계획서의 전체적인 분위기를 좌우하기 때문에 심혈을 기울여야 한다. 가능한 문제제기를 하고 이를 해결하기 위한 솔루션을 간결하게 언급하는 것이 좋다. 직접적이고 구체적일수록 좋다. 추상적이고 철학적인 표현은 애매한 인상을 줄 수 있다. 가장 경쟁력이 있고 자랑할 만한 내용을 첫 문장에 포함시켜야 한다. 사업계획서 내용에 나와 있으니 나중에 투자자가 읽을 것이라고 절대로 예상하지 말고 절대적인 관심을 끌 내용이라면 가장 먼저 언급하고 어필하라. 첫 문단에서 적극적으로 관심을 자극해야 한다.

2) 해결하고자 하는 문제

해결하려고 하는 문제가 존재하고 있다는 것을 분명히 해야 한다. 문제의 심각성, 고객의 불편사항을 명확하게 정의하고 문제의 배경은 물론 왜 문제를 해결하고자 하는 이유를 설명한다. 문제의 정의가 확실하고 와 닿을수록 사업의 성공가능성은 높다.

3) 해결책 제시

구체적으로 이러한 문제에 대해 제시할 해결책을 알려주어야 하는데, 해결책으로 제공하는 것이 무엇인지를 설명하고 그러한 해결책이 제공하는 가치 또는 가치명제를 제시히고 그 해결책을 어떤 방식으로 고객에게 전달할 것인지까지 포함한다. 그리고 제공하고 있는 해결책이 어떤 독창성과 경쟁우위를 가지고 있는지 구체적으로 명시한다. 이런 맥락에서 고객과 그들이 받게될 가치를 설명하면서 수익모델까지 설명하면 좋다.

4) 사업기회

이러한 해결책과 가치가 제공하는 사업 기회를 설명하는데, 시장의 크기, 성장가능성 등을 비롯해 고객의 수와 사업의 성장속도 그리고 여기서 예상되는 매출 등을 명시한다. 흔히 사업성이라고 보는데 시장의 크기와 제공하는 가치가 어떻게 소비자 또는 고객에게 어필할 것인지 표현해 본다.

5) 경쟁 우위

경쟁은 피할수 없다. 현재 업계를 주도하고 있는 경쟁자와 어떻게 경쟁할 것인가에 대한 이해와 어떻게 경쟁에서 우위를 차지할 것인가를 명확하게 설명할수 있어야 한다. 기존의 업체가 가질수 없는 유일한 장점과 경쟁우위를 설명해야 한다. 그것도 한두 문장으로…

6) 수익 모델

수익은 어떻게 창출할 것인가. 그리고 어떻게 확장해 갈 것인가. 대상 고객층, 매출원, 수익구조, 한계점 등 그것이 무엇이든 당신이 3~5년 내에 달성할 수준과 목적은 어디까지인가. 가능한 한 수치화될 수 있어야 한다.

7) 구성원

팀은 어떻게 구성되어 있는지, 어떤 인물들로 구성되어 있고 팀원들의 약력과 성공할 수밖에 없는 이유를 설명한다. 단순히 이력을 나열하기 보다는 팀원이 최적임을 설명하고 완벽한 팀워크와 열정을 지적한다.

8) 투자 수익

투자에 비해 많은 수익을 예상하는 것이 투자자의 목적이다. 이러한 수익계획을 분명히 밝힐 수밖에 없다. 이러한 수익 계획에 대한 믿음을 줄 수 없다면 전체 사업계획이 무의미할 수도 있다. 향후 3-5년간의 매출, 수익, 비용, 손익 등과 종업원 수 및 시장확대 등을 보여주어야 한다. 주의해야 할 점은 막연한 출구전략$^{Exit\ Plan}$, 즉 3-4년내로 회사를 M&A를 통해 매각하겠다 또는 회사를 상장시키겠다는 등의 추상적이고 상투적인 출구전략은 삼가하는 것이 좋다.

9) 마무리

최종적으로 투자자에게 사업에 대한 질문을 던지는 기회를 갖는다. 투자요청 자금의 규모와 용도를 대략적으로 명시한다. 즉 사업계획서를 읽고 있는 투자자들에게 원하는 바를 전달하는 기회이며 사업계획서의 핵심이 되는 부분으로, 마지막에 한문장으로 강하게 어필해 본다.

사업 개요는 1-2장에 사업을 요약해서 사업계획서를 여는 순간 관심과 호기심을 이끌어 낼 기회이다. 너무 많은 내용을 장황하게 설명한다기보다는 기본적으로 읽는 이의 궁금증을 유발해서 전체 사업계획서를 관심을 가지고 읽어 내려 가도록 하는 데 있다. 그리고 궁극적으로는 "이 친구들 한번 만나 봐야 겠는 걸!"이라는 반응을 이끌어 내는 것이 주요 목적인 것이다.

3. 사업계획서 내용

사업의 마스터 플랜이다. 사업계획서는 계획하고 있는 사업의 사업성을 설득력있게 설명하고 앞으로 어떤 방향으로 진행할 것이며 어떻게 설정된 목표에 도달할수 있는 지에 대해 심도있게 설명하는 장이다. 기본적으로 다음과 같은 내용을 포함하고 있어야 한다.

사업 개요	- 사업의 핵심내용과 가치를 포함한다. - 사업계획서 본문을 먼저 작성한 후에 최종적으로 심혈을 기울여 작성한다.
사업 내용	- 사업목적 및 이념 - 제공하는 제품과 서비스 - 보유 기술 및 개발 현황 - 사업 전망

시장 분석	- 타겟 고객 조사 - 시장선정 및 시장규모 - 경쟁자 분석 - 시장점유율과 그에 따른 예상 매출
마케팅 계획	- 제품전략 - 가격전략 - 유통전략 - 홍보전략
조직 및 인력 계획	- 조직도 - 조직 및 인력 구성 - 대표자 및 경영진 현황 - 이사회 및 주주 현황 - 인원 보강계획
자금 계획	- 소요자금 규모 - 현금흐름 - 자금 조달 방법 - 자금 운용안
손익 계획	- 추정 손익계산서 - 추정 대차대조표 - 현금 흐름표
추진일정 계획	- 사업추진 일정표 (기술개발, 생산계획 등) - 사업계획을 구성하는 세부 내용

Guy Kawasaki의 사업계획서 작성시 주의사항

▶ 시장의 크기를 너무 강조하지 마라. 시장 크기보다는 계획 자체에 집중해야 한다. 투자자에게는 광대한 시장에서 현존하는 제품이나 서비스를 조금 개선한 것보다는, 지금은 작지만 성장하고 있는 시장에서 지금 가지고 있는 문제를 획기적으로 해결할 수 있다는 접근이 더 설득력이 있다.

▶ 회사명을 이니셜로만 쓰지 마라. 계획서 자체에 회사명을 계속 반복해 쓰는 게 바람직하고, 또 그래야 읽는 사람의 머리에 회사이름이 각인된다.

▶ 고객의 명단에 무임승차하는 것은 위험하다. 정확한 내용을 담지 않을 것이면 언급을 자제하라. 예를 들어, 'A 벤처가 투자를 검토하고 있다' 또는 '삼성전자가 우리의 솔루션을 검토한 바 있다' 등은 언급하지 않는 것이 좋다. 단, 실제로 거래가 이루어졌다면 그 내용을 정확히 명시하라.

▶ '차세대 솔루션', '가장 현명한', '보수적인 예측' 등 현란한 미사여구와 뻔한 단어를 나열하지 마라. 투자자들은 이런 단어에 식상해 있다.

▶ 가지고 있는 가치명제와 경쟁우위에 집중하라. 자신이 잘하는 것에 집중하는 것이 좋다. 그리고 비교우위를 위해서는 강력한 경쟁자 한두 곳을 잡아 집중하여 공략하라. "시스코의 솔루션과 비교해서, 당사의 솔루션은…" 이렇게 말이다.

▶ 가능한 복문보다는 단문을 사용하라.

▶ 따라 하는 인상을 주지 마라. "우리는 페이스북의 수익모델을 채택하고 있습니다." 앞으로 페이스북처럼 된다는 사업계획이 아니면 이런 말은 삼가라.

▶ 사업계획서를 완성하고 나서 두 번 세 번 읽고 수정하라. 만족스러울 때까지.

4. 작성을 위한 몇 가지 팁들

사업계획서는 가능한 한 짧게, 간단하게 그리고 효과적으로 해야 한다. 다음은 효과적인 사업계획서를 위한 팁이다.

가능한 20장 이상을 넘지 말 것
짧고 강렬한 것이 좋다. 사업계획서가 길수록 투자자가 읽을 확률이 낮다. 짧게 쓰도록 노력하라.

가능한 한 사람이 쓸 것
사업계획서의 일관성을 유지하기 위해서는 한 사람이 주관이 되어 작성하는 것이 좋다. 한 사람이 처음부터 끝까지 작성하지 않고 여러 사람이 의견을 내거나 부문별로 짜깁기하면, 사업계획서는 전체 흐름의 일관성을 잃을 수 있다.

소박하게 만들 것

사업계획서를 인쇄물로 배포할 경우 책자처럼 화려하게 바인드로 만들지 말고 스테이플로 찍어서 단순하게 만들고 아니면 이메일로 pdf 파일로 보내면 된다. 화려하게 만들수록 내실이 없다고 느껴질 수 있다.

자금과 손익 부분을 일목요연하게

자금계획과 손익계획 그리고 현금흐름은 투자자가 가장 중요하게 보게 되는데 가능한 일목요연하게 정리해서 바로 눈에 들어오게 하는 것이 좋다.

외적 요인도 포함할 것

사업설명에 도움이 되는 외적인 요인 즉. 고객의 수, 증가 속도, 파트너 확보 방안 등의 내용을 포함시켜 사업의 성공률을 높일 수 있다는 것을 보여줄 수 있어야 한다.

손익계획에 따른 일체의 가정을 알릴 것

투자자는 사업계획서의 손익계획에 나와 있는 수치에 관심을 기울이지만 그 수치를 100% 믿지 않는다. 즉 그 수치가 가능하게 된 가정이 중요하다. 가정이 이해되면 수치의 신뢰도도 상승한다.

너무 급한 인상은 주지 말 것

때론 자금난으로 인해 빨리 투자를 받기 위해서 사업계획서에 급한 사정을 언급하는 경우가 있거나 수치상 그런 모습이 나타날 수 있다.

하지만 사업계획서는 느긋한 인상을 주는 것이 좋다. 급한 사정 때문에 사업계획이 제대로 진행될 수 없다는 인상을 줄 수 있기 때문이다.

> 사업계획서의 자금계획이나 손익계획은
> 실제로 달성될 가능성이 높지 않다.
> 따라서 창업자가 그런 수치를 멋지게 만들기 위해
> 고생할 필요가 있을까?
> 초기의 벤처나 스타트업에 투자하는 벤처캐피털은
> 회사가 기술 개발을 착오없이 진행하고
> 현금흐름이 돌아갈 때까지
> 가능한 어느정도의 자금이 필요한가에 관심이 있다.
>
> - 마이크 모리츠 Mike Moritz 세쿼이아 캐피털 Sequoia Capital -

제5장

홀로서기

그 끝없는 고독과의 투쟁을 혼자의 힘으로 견뎌어야 한다.
부리에, 발톱에 피가 맺혀도
아무도 도와주지 않는다.
- 서정윤 시인의 '홀로서기' 중에서

회사는 가능한 한 빨리 홀로서기에 돌입해야 한다.
홀로서기란 자체적으로 모든 것을 해결해 나가는 것을 의미한다.
외부의 직접적인 도움 없이도
사업을 꾸려나갈 수 있는 체제를 만들어 가는 것이 중요하다.
물론 쉬운 일은 아니다. 생각하는 대로 투자유치가 쉽지 않다.
때로는 주변의 도움을 받거나
신용카드로 연명해야 할 상황이 생기기 마련이다.
미국에 진출하면 외로움은 배가된다.
영어도 통하지 않고 주변에 아는 사람도 드물다.
망망대해에 떠 있는 섬과도 같다.
미국에서 홀로서기는
사업을 성공적으로 이루기 위한 기본적인 과정이다.
미국 시장에서 인정받고
나아가 세계적인 회사를 만들겠다는 멋진 비전도 좋지만,
최우선의 1차 목표는 빨리 홀로서기에 성공해야 한다는 것이다.
꿈이 아니라 현실적인 이야기를 지금부터 해보자.
홀로서기.

1. 현금관리가 핵심

현금은 혈액

현금은 기업을 움직이는 혈액과도 같다. 어쩌면 기업운영의 핵심일지도 모른다. 현금관리는 기업의 시작이자 끝이라고 보면 된다. 현금관리는 투자를 비롯한 매출을 통한 수익, 사업운영에 발생하는 비용 등의 관리는 물론 여러 가지 필요한 자신의 매입까지 연관되어 있기 때문에 현금 관리를 위해서 종합적인 재무 관리가 필요하다. 현금이 없어서 사업에 절대 필요한 일들을 할 수 없다면 전체적인 사업 계획에 차질을 줄 것이고 이는 궁극적으로 실패의 빌미가 될 수 있기 때문이다.

창업하고 얼마 안 가 직면하는 상황이 바로 현금 부족이다. 그래서 단기의 현금 순환이 매우 중요하다. 투자가 들어오기 전에 현금을 잘 순환시켜야 한다. 돈의 씀씀이에 있어서 우선순위를 정하고, 당분간은 장기적인 자금 관리보다는 단기적인 현금 관리를 통해서 회사 운영을 원활히 해야 한다. 단기 현금흐름에서는 일단 예상되는 투자자금을 제외하게 된다. 투자는 너무도 유동적이고 불확실성이 강하기 때문이다. 투자가 들어온다고 믿고 계획을 세웠다가는 낭패를 보기 십상이다. 투자금이 은행계좌에 들어온 것을 확인하기 전에 투자금을 가지고 이것저것 하겠다고 계획을 했다가 투자유치가 무산되면 심각한 타격을 입게 된다. 창업자들이 가장 많이 겪는 실수 중의 하나가 예정되는 투자금을 믿고 계획을 세웠다가 투자가 틀어지면서 맞게 되는 어려운 상황이다.

이를 위해 다음 항목의 자금관리가 잘 이루어져야 한다.
- 초기 필요자금 또는 예산수립
- 단기 영업 관련 일정
- 단기 영업 사이클 (월별)
- 단기 매출 입금 사이클 (월별)
- 단기 매출원 및 금액
- 단기 매출 증가 방안 (마케팅)

조심해야 할 외상매출

단기 자금 순환을 위해서는 받을 돈과 줄 돈을 빨리 처리하는 것이 바람직하다. 그리고 단기 현금 순환에서는 장부상의 매출은 의미가 없다. 즉 당장 돈이 들어오지 않는 외상매출은 줄여야 한다는 것이다. 현금이 들어오고 그것이 회사 운영에 쓰이도록 해서 현금이 지속해서 순환되도록 하는 것이 중요하다. 단기간에 요구되는 현금을 해결해 가면서 사업을 유지하는 것이 현금관리의 핵심이다. 이는 장기적인 비전과 경영활동이 아니라 단기적으로 회사를 유지하는 데 필요한 활동이다.

예를 들어 보자. 상품이나 제품을 외상으로 판매한 경우 사실상 아직 현금을 받지 않았기 때문에 회사의 은행계좌에는 아직 현금이 들어오지 않지만 장부에 의하면 판매를 통해 수익이 발생한 것으로 본다. 즉 회사에 현금이 들어오지 않지만 현금의 흐름과는 관계없이 매출로 기록된다. 손익계산서 상에는 수익과 비용으로 잡히지만 당장 쓸 돈이 필요한 기업의 현금흐름에는 영향을 주지 않는다.

회사의 자금을 관리하는 입장에서는 잘 이해해야 한다. 외상 매출이 많은 회사의 경우 많은 매출을 올리고도 현금이 없어서 임직원들의 급여를 건너뛸 수도 있다. 즉 거래는 이루어졌지만 현금이 들어오지 않는 거래는 회사의 단기 현금흐름에는 전혀 도움이 되지 않는다는 것이다. 그러므로 현금의 흐름을 잘 이해하고 관리해야 한다. 창업자들이 너무 매출에 집중하고 현금흐름에 무지하다면 회사는 현금이 모자라고 혈액이 돌지 않아서 힘든 상황을 맞게 될 수도 있다.

미국에서 사업하게 되면 흔히 '외상거래' 또는 '여신'이라고 불리는 기간^{term}을 가지고 거래를 하게 된다. 흔히 Net 30, Net 60 등으로 불리는 데, 이는 30일 여신, 60일 여신을 뜻한다. 제품을 납품하고 나서 또는 서비스를 종료하고 나서 30일 또는 60일 이후에 돈을 받는다는 것을 의미한다. 사업하는 데 있어서 외상거래는 기본적으로 피하기 힘들다. 신용사회라는 미국에서도 이러한 여신거래가 일반화되어 있다. 외상 매출은 현금화가 되는 데 시간이 걸리기 때문에 현금화 시간을 잘 따져서 자금계획을 수립해야 한다.

투자유치의 기준이 되는 현금흐름표

투자유치는 현금을 확보하는 가장 발 빠른 방법이 된다. 손익계산서상에는 아무 영향이 반영되지 않지만 현금은 분명히 증가하게 된다. 은행에서 돈을 빌리는 것도 마찬가지이다. 실제로 기업의 경영성과가 양호한데도 현금부족(유동성 부족)으로 인해 부도가 나는 경우를 종종 볼 수 있다. 아이러니하게도 투자자들에게도 단기적으로는 순이익보다는 현금흐름이 더 유용한 회계정보가 된다. 간혹 투자자가 기업의 현금흐름에 대한 정보를 추가로 요구할 경우가 있는데 이를 위해 작성되는 재무제표가 현금흐름표이다. 현금흐름표는 사실상 회사의 상태를 그대로 나타내 준다. 현금 상황을 보면 회사의 전체적인 심리상태까지 파악할 수 있으니 더 좋은 자료가 아닐 수 없다.

현금흐름표란 말 그대로 기업의 현금흐름을 나타내는 표로 일정 기간 중 현금이 어떠한 이유에서 증감되었는가를 영업활동, 투자활동, 재무

활동으로 구분하여 보여준다. 현금은 회사를 유지하는 데 기본적인 자원이다. 따라서 항상 관리해야 하고 현금에 대해 늘 상황을 파악하고 있는 것이 필수적이다.

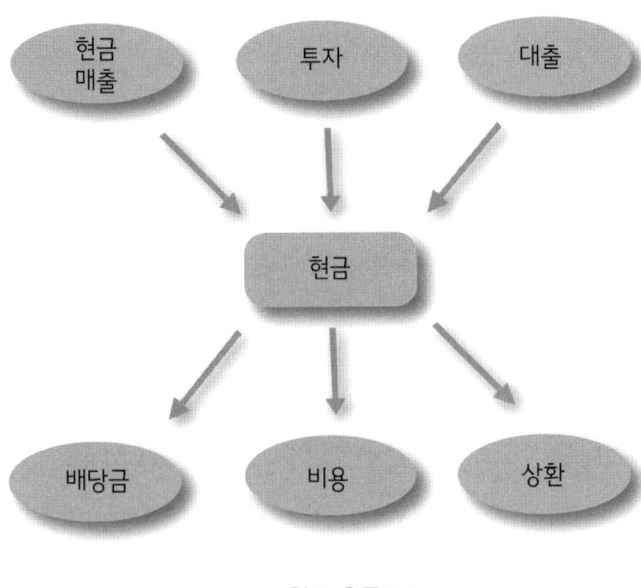

< 현금 흐름도 >

2. 단기 목표 수립

사업을 유지해 나가기 위해서 가장 좋은 방법은 단기 수익모델과 목표를 수립해서 매출과 수익을 창출하는 것이다. 물론 사업이 본격화되어 이른 시일에 정상화되면 좋겠지만 모든 일에는 시간이 걸리기 마련이다. 정상화까지 충분한 매출이 아니더라도 가능한 단기 수익을 통해서 운영자금을 마련하고 필요한 재원을 조달하는 것이 이상적이다.

단기수익은 그야말로 단기에 매출과 수익을 올리는 방안을 말한다. 물론 기업활동에서 중장기 목표와 그에 따른 사업활동이 필요하지만, 숨이 턱까지 차오르는 창업 초기 기업에서 단기 수익을 올리는 문제는 때로는 사활이 걸린 현안이 되기도 한다. 단기 수익모델을 만드는 방법의 첫 단추는 초단기 목표를 세우고 점진적으로 그 목표를 확대해 가는 방법이다.

대부분의 사업계획서나 목표설정은 큰 그림에서 시작된다. 즉, 연간 매출목표 그리고 반기별, 분기별 이런 식으로 끊어 나가는 것이다. 어느 정도 규모가 있는 기업이라면 당연한 접근 방법이다. 그리고 어느 정도 시간을 가지고 목표를 달성해 나가는 것이 가능할 것이다. 하지만 빡빡한 예산으로 운영되는 초창기 기업들은 시간이 많지 않다. 이런 경우 작은 것으로부터 확대해 나가는 목표 설정이 필요하다. 즉 가능한 일일 단위로 목표치를 끊어 나가는 초단기 관리를 해 나가는 것이다. 가장 대표적인 예가 '하루에 10개의 거래처 전화하기', '일일 목표 판매액 달성하기' 등 단순해 보이지만 실제로 효과가 있다는 것을 알게 될 것이다.

물론 사업에서 영업이나 매출 이외에 다른 목표도 존재한다. 개발 그리고 시제품 생산, 출시 등 모든 과정에 있어 장기적인 계획과 함께 단기적인 목표와 달성이 수반되어야 한다. 단기목표의 달성 없이 장기적인 목표를 달성한다는 것은 불가능하기 때문이다. 스타트업에게 단기 목표를 정해 놓고 단순하게 하나씩 해 나간다는 의식이 필요하다.

단기목표를 설정하는 방법을 몇 가지 소개한다.

1) 실현 가능한 목표에 시간을 정해 놓을 것
실현 가능하다는 것은 애매한 목표가 아니라 단순하고 현실적으로 와 닿는 구체적인 목표를 의미한다. 그리고 정확한 시간을 정해 놓는다. 예를 들면 '오늘 중으로 끝낸다' 가 아니라 '오늘 8시까지 반드시 완성한다' 등으로 정해 놓으면 실행력을 높일 수 있다.

2) 가능한 자세하게 명시할 것

'고객에게 제품의 인지도를 높이겠다'고 하는 것보다는 '목요일까지 8명의 고객을 만나서 제품과 기술을 설명하겠다'고 하는 목표를 정해놓고 달성을 위해 뛰는 것이 효과적이다. 즉 목표를 명확하고 단순하게 명시해서 목표달성 여부의 평가를 알 수 있게 한다. 즉 목요일까지 6명의 고객만을 만났다면 75%의 목표 달성이 되는 것이다.

3) 목표의 리스트를 만들어 지워 나갈 것

목표가 설정되면 단순하게 리스트를 만들어 하나씩 지워 나가고 새로운 목표는 리스트에 더하는 방식이다. 이른바 'To-do List'의 작성이다. 목표의 리스트를 사무실 공간의 보이는 곳에 비치해 놓으면 팀원들이 목표를 공유하고 목표의식을 높이는 데 도움이 될 것이다.

4) 목표달성의 과정을 공유할 것

사업을 추진하는 데 있어 파트너와 팀이 필요하고 모두가 공동의 목표를 위해 달려가야 한다. 따라서 목표를 정해 놓고 이를 달성했을 경우 거의 실시간으로 그 내용을 공유하라. 물론 스마트폰을 이용하면 가능하다. 달성된 것, 미흡한 것, 관련 담당자 등을 공유하고 서로가 목표의 달성치를 알 수 있도록 함과 동시에 해야 할 일들이 무엇인지를 분명히 해야 한다.

SMART 버킷리스트

S Specific 자세하게
M Measurable 측정가능하게
A Act-oriented 행동지향적으로
R Reality 현실적으로
T Time-limited 마감 시간을 정해놓고

3. 외주 업체 이용

사업 초기에는 항상 여러 가지 자원이 부족하기 마련이다. 따라서 철저하게 형식보다는 기능과 결과 위주로 운영해서 낭비를 없애고 효과를 극대화하는 것이 필요하다. 창업을 위해서 필수적으로 여러 가지 서비스가 필요하다. 회사 설립을 위한 법률 서비스에 변호사, 회계 세무를 위해 회계사, 특허를 위해서는 변리사 등 사업을 추진하는 데 있어서 파트너를 만나게 된다. 창업 초기에는 대형 로펌이나 유명 회계 법인보다는 실무 위주의 파트너와 일하는 것이 좋다. 이유는 한가지, 저렴한 비용 때문이다. 초기에는 서비스의 범위가 그렇게 넓지 않아서이기 때문이다. 따라서 간단하고 간소하게 시작할 것을 권한다.

사업을 진행하다 보면 다섯 부문의 전문가가 필요하다. 필요한 서비스를 피할 수는 없다. 피할 수 없다면 항상 저렴하고 효과적으로 그런 서비스를 이용할 수 있도록 해야 한다. 가장 좋은 방법은 사전에 서비스의 범위와 목적을 충분히 이해하고 있는 것이 중요하다. 서비스를 이용하는 데 있어서 사업가가 주축이 되어야 한다. 전문가들의 조언이 중요한 요인이기는 하지만 최종 의사결정과 서비스의 주체는 서비스를 의뢰한 사업가가 되어야 한다는 것이다.

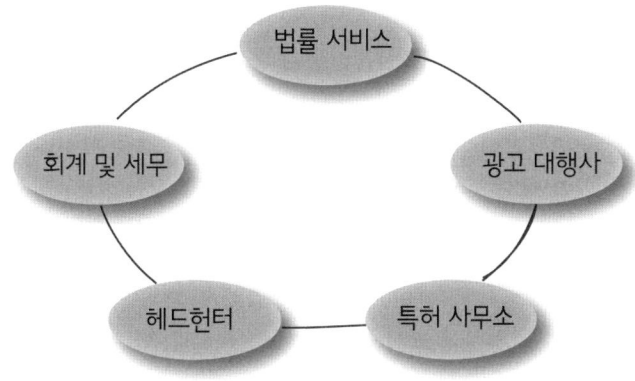

1) 법률서비스
서비스 내용 : 법인 설립, 자산 보호, 투자 관련 검토, 파트너십 계약 등

• 법률 서비스는 전문가 서비스 중 가장 중요하고 큰 비용이 들어가는 부문이다. 일단 이와 관련된 서비스의 범위와 목표를 설정하고 이와 관련된 적절한 변호사나 법률 자문회사와 계약한다. 처음부터 고가의 대형 로펌과 계약하는 것보다는 개인 변호사 또는 작은 로펌과 일하는 것이 비용면에서 저렴하다. 회사명 변경, 주소 변경 등의 단순한 법무 관련 내용은 가까운 법무사와 협의하여 처리할 수 있다.

• 미국에서 사업을 추진할 경우 중요한 것 중에 하나가 바로 법적 신분과 관련된 내용이다. 별도로 설명하겠으나 비자 또는 이민과 관련된 내용은 변호사와 협의하여 상황에 맞는 신분을 유지하도록 해야 한다.

• 투자 유치 등을 위해 개인 투자가 또는 기관 투자가를 상대할 때는 변호사를 대표로 내세워 협상은 물론 계약과 관련해 자문을 구하기도 한다. 이럴 경우 상법에 유능하고 관련 경험이 있는 변호사와 일하는 것이 유리하다. 가능하면 로펌을 통해서 전반적인 사항에 대해 도움을 받는 것이 좋고 해외로부터 투자를 받을 경우나 회사의 인수합병 등 복잡한 사안에 대해서는 돈이 들더라도 관련 분야에 경험이 있는 유능한 변호사를 선임할 수밖에 없을 것이다.

• 사업이 본궤도에 오르면 변호사의 역할이 더욱 중요하다. 변호사와 최소한 분기별로 만나서 회사의 각종 법적 서류 등을 완벽하게 준비해야 하며 각종 법적인 문제가 발생했을 경우, 관련 서류가 잘 정리되어 있으면 상황이 발생했을 때 생기는 혼란을 최소화할 수 있다.

2) 회계 및 세무
서비스 내용 : 법인의 세무 관련 내용, 결산 등

• 회계사와 세무사로 구분된다. 회사의 자금내용 전반에 대해 서비스를 받을 때, 처음부터 대형 회계법인과 거래하기보다는 저렴한 회계사와 세무사를 이용하여 기본적인 업무를 처리하도록 한다. 일단 정해지면 매월, 분기별 등에 따라 발생하는 세금 관련 정부 보고사항 등

을 처리하게 된다.
- 회계사도 매우 중요하다. 회사마다 자금 관리가 투명하고 합법적으로 이루어질 수 있도록 정리하는 역할을 하기 때문이다. 스타트업이 간과하기 쉬운 부분이다. 회사 내부적으로 자금을 운용하는 사람이 있지만 한 달 단위로 정리하는 것이 좋고 가능한 이를 멤버들 간 공유하는 것이 바람직하다.
- 회사의 자금운용에 대한 정리는 그때그때 하는 것이 좋은데 이는 언제든지 투자 관련 내사 또는 감사가 이루어졌을 때 바로 열람할 수 있어야 하기 때문이다. 소위 '장부관리'는 회사 운영의 기본이다. 비록 회계 관련 지식이 없다 할지라도 기본적인 내용은 알고 있어야 한다. 무심하게 100% 회계사에게만 맡겨놓기보다는 지속해서 소통하고 현재의 자금 사정을 정확하게 파악하고 있는 것이 중요하다.

3) 광고대행사
서비스 내용 : 마케팅, 광고 및 선전, 인터넷 데이터 분석, 키워드 마케팅 등

- 광고 대행사는 광고주와의 계약을 기반으로 광고 캠페인을 기획, 진행하는 조직을 의미한다. 그중에서도 키워드 광고대행사는 키워드 광고에 특화된 전문성을 가지고 키워드의 기획, 운영을 대행하고 관리하는 조직인데 최근에는 이러한 광고대행사가 스타트업에게는 필수적이다. 포털 사이트를 비롯해 매체의 선택과 집중은 물론 적정한 비용을 책정하고 분배해가면서 그 효용성을 극대화하는 것이 기본적인 목표라고 할 수 있다.

• 광고대행사가 아무리 뛰어나다 해도 사업에 대한 이해는 광고주 즉 창업자와 비교하면 부족할 수밖에 없다. 또한, 시장환경의 변화와 트렌드 역시 사업주가 느끼는 것과 광고대행사가 생각하고 있는 것과는 차이가 있다. 결국, 광고의 방향과 목적 등을 명확히 설정하여 광고대행사와 협력하는 것이 좋다. 막연하게 사이트 접속자와 회원을 늘려달라고 매달리는 것보다 구체적인 내용을 가지고 접촉해야 한다. 광고대행사는 비용을 떠나서 편하게 일할 수 있는 업체를 선정하고 실무자끼리 협력이 잘 이루어질 수 있는 구도를 만드는 것이 중요하다.

4) 헤드헌터
서비스 내용: 필요인력 수급, 핵심 엔지니어 물색 등

• 헤드헌터는 전문 경영인, 핵심 엔지니어를 비롯하여 기업이 필요로 하는 고급 인력을 소개해주는 역할을 한다. 또한, 단지 '소개'하는 차원에서 그치는 것이 아니라, 기업이 원하는 인력이 어떤 분야인지를 명확하게 파악하고, 수많은 인력 중에서 해당 기업의 기업 문화와 전문 분야에 가장 적합한 인재를 알선하게 된다.
• 사업 초기에는 창업자들의 네트워크를 통해 인력을 수급한다. 하지만 조직이 확대되면 곧바로 좋은 핵심인력을 구하는 것이 중요한 문제로 부상한다. 이럴 때 이용하는 것이 헤드헌터. 정말 중요한 시점에 확실한 인력을 보강하는 것은 때로는 회사의 사활이 걸린 문제일 수도 있다. 특히 개발에서는 우수한 엔지니어의 확보가 가장 시급하고 중요한 사안이다. 비록 비용을 지급하더라도 양보할 수 없는 부분이

바로 우수 인력 수급이다.
• 미국의 경우 헤드헌터의 사용이 활성화되어있다. 미국에서 사업할 경우 현지 직원 특히 현지 담당자를 뽑을 때 헤드헌터를 사용하면 좀 더 유능하고 믿을 만한 인원을 조달할 수 있다.

5) 특허 사무실
서비스 내용: 특허출원, 상표등록, 의장등록, 현지 특허 문제 대응 등

• 스타트업의 경우 비용 문제로 특허출원에 대해서 신경을 쓰지 못하는 경우가 대부분이다. 하지만 기술이나 사업모델로부터 상호 및 브랜드까지 특허나 등록을 하지 않아서 훗날 낭패를 보는 경우가 있다. 독특한 아이디어를 가지고 사업을 전개해가고 있다면 특허에 대해 변리사와 상담하여 특허 전략을 수립해야 한다.
• 특허는 때로는 사업의 보호막이 될 수도 있으며 특히 해외시장을 목표로 하는 사업체는 해외 특허에 대한 관심도 가져야 할 것이다. 특허와 관련되어서는 정부지원이 활성화되어있어 이를 이용하는 것도 좋다. 한 가지 주의할 점은 특허를 담당하는 변리사도 분야별로 전문가가 있어서 업체별로 자신의 분야를 전문적으로 다루는 전문 변리사와 일하는 것이 바람직하다.

제6장

팀 구성

미국에 진출해 가장 먼저 생각하는 것이
총명하고 인간성 좋은 파트너와 직원을 만날수 있을까 하는 것이다.
팀을 구성하는 것은 스타트업에 있어서는 가장 중요한 일일 것이다.
실리콘밸리에는 전세계의 우수한 인력들이
재능을 겨루는 장이라고 볼수 있다.
여기서 능력이 있는 파트너를 만나면 일이 술술 풀릴 수도 있다.
그렇다면 실리콘밸리의 우수한 인재들을 뽑기 위해서
높은 년봉만을 제시하면 될까?
절대 아니다.
실리콘밸리에서 최고의 인재와 같이 일하는 방법을 알아 본다.

1. 최고의 인력으로

> A급 인재는 A급 인재를 고용한다.
> B급 인재는 C급 인재를 고용한다.
> C급 인재는 D급을 고용한다.
> - Steve Jobs -

C, D급 인재가 회사를 채우기 시작하면 그 회사의 앞날은 뻔하다. 창업자가 가장 먼저 해야 할 일은 경영진을 자기보다 우수한 사람으로 채워 나가는 것이다. 우수한 사람을 모시기 위해서는 먼저 창업자 자신이 모든 면에서 뛰어날 수 없다는 것을 인정해야 한다. 그것이 우수 인재 영입의 시발점이 된다. 자신보다 뛰어난 사람을 설득해서 스타트업에 합류하게 하는 것이야말로 예술의 경지라고 볼 수 있다.

실패하는 회사의 공통적인 현상 중 하나가 창업자가 모든 것을 하려고 하는 것이다. 기술개발, 자금관리, 그밖에 영업, 마케팅까지, 일인다역을 하려고 한다. 특히 여러 부문에서 의사결정권을 놓지 않고 철저하게 하나하나 자신이 관리하려고 한다. 그렇게 되면 창의력 있는 A급 인재들이 모이지 않는다. A급 인재를 영입하고 이를 유지하기 위해서는 파트너라는 생각을 가지고 함께 사업을 일으켜 나간다는 생각을 가져야 한다. 창업자이기 때문에 모든 책임을 지고 가야 한다는 부담에서 벗어나 사업의 이상적인 파트너를 영입한다는 생각을 해야 한다.

그럼 스타트업이 필요로 하는 A급 인재는 어떤 인물을 말하는가? 먼저, 관련 분야의 실력을 겸비해야 한다. 될 수 있으면 경험이 많고 특히 과거에 스타트업을 해보고 또 성공시켜 본 인물이라면 더할 나위 없을 것이다. 또한, 끈기와 열린 마음은 물론 큰일을 위해서 작은 것을 버릴 줄 아는 인물이 필요하다. 아마도 가장 필요한 것은 모험과 도전정신이 아닐까. 거기에 팀워크를 위한 배려의 인성을 가진 자라면 함께 큰일을 도모해도 무방할 것이다.

이런 우수한 인재를 회사에 데려오려면 어떻게 해야 할까? 우수한 인재일수록 월급 몇 푼 더 받겠다고 자리를 바꾸지는 않을 것이다. 그들의 마음을 움직여야 할 것이다. 사람의 마음은 쉽사리 움직여지지 않는다. 어떤 이유가 되었든 창업의 대열에 같이 하겠다는 것은 대단한 결정이고 우수한 인재가 회사에 들어온다는 것은 천군만마의 힘이 된다. 그럼 인재를 움직이는 원동력은 무얼까?

1) 비전

가장 먼저, 확고한 비전이다. 비전이란 조직의 바람직한 미래상을 표현한 것으로서 미래에 어떠한 기업이 되고 싶은가를 나타낸 조직구성원의 소망이다. 즉, 비전은 '기업이 미래에 달성하고자 하는 기업상'이며, 사회 속의 기업위상과 미래를 향한 기업의 꿈을 실현시키기 위해 기업이 갖추어야 할 자기 역할과 기본방향을 구체화한 것을 말한다. 이러한 기업 비전은 기업에 목표를 제시하고 기업을 장기적으로 운영하는데 있어 방향타 역할을 한다. 비전은 장기적 관점에서 조직원들에게 미래의 이상향, 꿈을 제시해야 한다.

따라서 구성원들이 기업을 통해서 조직의 목표뿐 아니라 개인적인 꿈을 이룰 수 있는 발판이 되어야 한다. 이런 맥락에서 꼭 필요한 인재에게 비전을 공유하고 설득해 나가는 노력이 필요하다. 만일 창업자가 추구하는 비전이 통한다면 인재는 두말없이 동참할 것이다. 솔직한 비전 공유는 A급 인재를 영입하는데 최대의 무기라 할 수 있다.

2) 확고한 역할

누구나 조직에서 확실한 역할을 하기를 원한다. 자연스러운 일이다. A급 인재들은 자신이 가지고 있는 확고한 역할을 가지고 확실한 결과를 도출해 가기를 원한다. 일에서는 들러리가 아니라 명확한 책임과 권한을 가지고 조직이 원하고 있는 것을 해 나가면서 보람을 느끼는 것이 좋은 인재를 구할 수 있는 요인이 될 것이다.

사실상 아무리 좋은 자리라 할지라도 자신의 역할이 분명치 않다면,

그리고 적은 급여와 열악한 근무조건을 감수하고 그 일을 해보고 싶도록 만들기 위해서는 그 역할에서 적절한 도전이 필요하다. 예를 들어서 기술적으로 필요한 부분이 있다면 그 부분에서 내가 아니면 다른 그 누구도 해내기 힘들다고 생각하면 A급 인재들은 도전해 보고자 할 것이다.

3) '나'라는 파트너의 그릇

사실상 무엇보다도 중요한 것이 바로 '나'라는 사람일 것이다. A급 인재들은 'Boss'라는 존재보다는 'Partner'라는 개념으로 일하는 경우가 많다. 따라서 같이 일하게 될 '나'라는 존재에 대해 많이 살피고 고민할 것이다. 아무리 비전이 있고, 역할이 있다 한들 같이 일해나갈 '나'라는 존재에 대해 믿음이 없다면 'Yes'라는 대답을 하기 어려울 것이다.

책략가 제갈공명이 왜 유비라는 인물을 선택했을까. 당시 유비보다 잘 나가는 조조와 손권에게 갈 수도 있었는데…. 당시 몇 번의 죽을 고비와 좌절을 반복하면서도 천하를 제패하겠다는 의지와 재능이 있었기 때문이었다. 제갈량은 유비에게서 절대로 포기하지 않을 결의를 보았기 때문이라고 한다. 특히 유비는 삼고초려에 보았듯이 재능이 있는 인물이라면 허리를 굽혀 맞이하길 주저하지 않았다.

결국은 본인의 인성이 중요하다는 것이다. A급 인재를 원한다면 본인을 특 A로 만들고 A급 인재들이 존경할 만큼 인성과 능력을 겸비해야 한다. 제갈량이 그저 세 번 나를 찾아주니 같이 천하를 도모하자는 것이 아니라 나의 운명을 맡길 만한 그릇을 가지고 있다고 보았기 때문에 유비를 선택한 것이다.

4) 현실적인 보상

물론 현실적인 보상이 따라야 한다. 스타트업의 경우 현실적으로 급여를 많이 줄 수 없다. 결국은 성공할 경우에 대한 확실한 보장이 있어야 할 것이다. 인재 영입과 함께 바로 이 조건에 대해 과감하게 이야기를 꺼내고 허심탄회하게 이야기할 수 있어야 한다. 스타트업의 꽃은 성공과 함께 다가오는 막대한 금전적 보상이다. 어쩌면 모두의 궁극적인 목적일지도 모른다. 인재마다 역할과 중요도에 따라 그에 걸맞은 지분을 제공하게 되고 이를 통해서 회사에 대한 진정한 소속감은 배가될 것이다. '잘 되면 보상한다', '일한 만큼 나중에 보상한다' 등의 공허한 약속보다는 정확한 공감과 나아가서는 계약서로 완성되어야 한다. 그래야 이후에 오해가 없다. 확실히 주고 전력을 다해 일하도록 하는 것이 스타트업의 자세이다.

5) 스톡옵션

스타트업에서 일하는 임직원들이 어려운 상황에서도 열심히 일하는 배경에 스톡옵션은 지대한 역할을 했다. 스톡옵션이란 자신이 속한 회사의 주식을 일정 가격에 살 수 있는 권리를 보장하는 것으로 회사의 주가가 상승하면 그 차액으로 돈을 벌 수 있게 된다. 주가는 회사의 경영실적을 반영한다고 본다면 스톡옵션을 가지고 있는 임직원들은 회사의 경영실적을 좋게 만들기 위해서 혼신을 힘을 기울이게 되는 법이다. 다시 말해 이보다 좋은 현실적인 인센티브 또는 동기 부여는 없다는 것이다. 즉 열심히 일하고 이에 대한 산물을 공유한다는 입장에서 더없이 좋은 제도이다. 회사의 입장에서는 경영실적이 호전되어 좋고 주주들 입장에서는 주가가 올라 좋고 임직원들은 목돈을 만질 기회가 되니 그야말로 윈윈$^{win-win}$ 제도라고 해도 과언이 아니다. 따라서 스톡옵션은 비전 공유와 함께 창업자들에게는 같이 일하고 싶은 능력자들을 불러들일 수 있는 보검이다.

2. 관계된 것만을 고려할 것

A급 인재는 언제나 수요가 많고 공급은 달린다. 이것저것 쓸데없는 것들을 고려하다가는 알짜배기 인재를 놓칠 수 있다. 성별, 나이, 종교, 학교 등 모든 것을 떠나서 A급 인재를 고용하겠다는 의지가 중요하다. 절대로 선택에 어떠한 것이라도 한계를 지으면 안 된다. 소위 스펙에 좌우되지 말 것. 스펙보다는 우리가 달성하려고 하는 목표에 얼마나 부합하고 적절한 지가 가장 중요하다 하겠다. 우리가 달성해야 할 목표와 관련이 없는 것에 대해서는 철저하게 무시하라. 스펙과 과거에 현혹되지 마라. 그리고 여기에는 예외가 없어야 한다.$^{Zero\ Tolerance}$

- **대기업 경력**

대기업에서의 경력이 스타트업에 꼭 도움이 되지는 않는다. 투자 유치 시에 그의 이름이 오르는 것이 도움이 될 수는 있지만, 대기업 경력자들이 스타트업 회사에 와서 일하는 데 있어 확실한 태도 변화가 없다면 대부분 결과를 내지 못한다. 대기업과 스타트업은 태생적으로 그 환경이 다르다는 데 이견이 없다. 잘 갖추어진 환경에서 넉넉한 시간과 자금을 가지고 활동하는 것과 열악한 과정에서 부족한 자원과 시간을 가지고 활동하는 것은 근본적으로 차이가 있을 수밖에 없다. 그런 이유에서 대단한 열정과 끈기를 갖고 있지 않으면 대기업 출신의 능력자라고 해도 스타트업에서 성공을 보장하기 매우 힘들다.

- **실패한 조직에서의 경험**

대부분 실패의 경험은 꺼린다. 하지만 부도덕한 이유나 범법행위를 통한 실패를 제외하고 실패의 경험을 적극적으로 인정하고 이를 사업에 이용하는 것도 한 방법이 될 것이다. 조직으로 보아서는 실패의 경험이 오히려 성공의 경험보다 더욱 값질 수 있다. 실패를 통해서 배우기 때문이다. 한두 번의 경험은 약이 된다. 많은 스타트업 창업자가 실패를 딛고 성공을 일구어낸다. 실패에서 배우고 이를 갈고 새로운 사업에 임한다. 하지만 연속적일 실패, 하는 일마다 실패의 경험을 갖춘 사람은 피하는 것이 좋겠다. 말과는 달리 실상 결과 도출에는 무능할 가능성이 높다. 전력을 다해 사업하지 않고 실패의 타성에 젖은 인물은 피하도록 한다.

- **학력에 매료되지 말라**

학력보다는 실력이다. 이 세상에는 학위가 없는 실력자가 많다. 학력에 집착하는 순간 조직은 편견을 가지게 된다. 출신 학교를 무시하고 진정으로 실력을 검증할 수 있는 구조를 만들어야 한다. 학력과 경력의 연관성을 따져보면 알 수 있다. 미국의 스타트업 창업자 중에는 고졸 창업자도 많다. 결코, 학력이나 박사학위, 명문대 졸업장이 절대 필요하지 않다. 스타트업의 신화가 된 창업자들이 학교에서는 배울 것이 없다고 생각하고 학교를 중도에서 그만둔 경우도 많다.

• 관련 산업에 종사한 인물

관련 산업에 종사한 경력은 도움이 될 수 있다. 산업의 구조를 이해하고 현재 흐름에 대해 감을 잡고 있다는 것은 초보자보다는 상당 부분 도움 요인이 되는 것은 부인할 수 없다. 하지만 오랫동안 한 산업에 오래 종사하는 것은 스타트업 입장에서 양날의 칼과 같다. 결국, 오랜 기간 같은 일을 하면서 생길 수 있는 매너리즘, 그리고 최근 기술이나 트렌드에 대한 거부감, 그리고 자신이 최고라는 자만심과 고집으로 일을 그르칠 수 있다.

• 한우물을 팠다면

산업군도 그렇지만 만일 한 가지 일을 아주 오랫동안 했다면 어떨까. 물론 관련 분야에서는 달인이 되어 있을 것이다. 하지만 이러한 고도의 숙련도가 있어야 하는 사업이나 업무에서는 빛을 발하겠으나. 새로운 분야와 개념을 추구하는 스타트업에게는 제한적인 요소가 될 수도 있다. 기능적으로 부족하다고 해서 무시하지 마라. 스타트업에게 가장 중요한 덕목 중 하나는 창의력이라는 사실을 명심해야 한다. 즉 기능적인 숙련도에 너무 매료되지 말라는 것이다.

스타트업에 있어서 사람을 구해서 팀을 만드는 것은 가장 중요한 일

중의 하나이다. 사실상 아무리 유능한 인물이라도 팀워크를 해치면 안 된다. 팀워크가 우선이 되어야 한다. 결국, 창업자의 눈이 중요하다는 것이다. 새로운 인물을 영입하는 데 있어서 그 인물이 팀에 어떤 영향을 미칠까를 생각해 봐야 한다. 이 세상에 완벽한 사람은 없다. 완벽하다고 해도 결국은 문제가 발생하기도 하고. 좋은 인물을 영입하고 팀의 구성원으로 적응하고 역할을 다할 수 있도록 하는 리더십이 필요하다.

3. 미국의 임직원 고용 프로세스

미국은 보통 다음의 과정으로 임직원을 고용한다.

< 미국의 직원 고용 프로세스 >

구인 광고

일단 구인광고를 내야 한다. 흔히 Job Posting이라고 하는데 과거에는 신문이나 잡지를 이용했으나 이제는 대부분 온라인으로 이루어진다. 미국에는 Job Posting 또는 Job Search를 전문으로 하는 수십 개의 사이트가 있다. 미 전역을 대상으로 하는 사이트도 있지만 일정 지역을 대상으로 한 사이트도 있다.

사이트 명	월별 방문자 수
Indeed	3,600 만명
Monster	2,300 만명
GlassDoor	2,100 만명
CareerBuilder	2,040 만명
SimplyHired	1,200 만명

< 주요 Job Posting / Job Search 사이트 >

이 밖에도 일정 국한된 지역에서 임직원을 찾을 경우 Graigslist를 이용하거나 실리콘밸리의 경우 siliconvalley.com을 이용해도 좋다. 구인광고의 경우 몇 가지 주의할 점이 있다. 법적으로 보장된 고용평등법^{Equal Employment Act}에 따라 무분별한 고용제한을 금지하고 있다.

- 인종차별 금지 : 구인 시 특정 인종에 대해 언급하지 말 것
- 특정 언어 금지 : 특정 언어구사 능력 명시 (차별조항으로 간주함)
- 업무과 관계없는 성별, 나이, 학력 등의 제한조항 금지

입사 신청서 접수

입사 신청을 위해서 단순하게 자유 양식의 이력서^{Resume}를 받을 수도 있으며 일정한 양식의 입사 신청서를 쓰도록 할 수도 있다. 대부분의 실리콘밸리의 기업들은 웹사이트를 통해 이력서를 받고 있는데 일단 이력서가 채택되면 일정 양식을 보내서 기재하도록 하는 경우가 많다.

서류심사

입사 신청을 받고 나면 이력서를 자세히 검토하여 최종적으로 인터뷰 과정을 위해 후보자를 선정하게 되는데 이 과정에서는 주로 앞으로 업무를 같이 하게 될 상사의 의견이 많이 반영되도록 하는 것이 좋다. 4~5명의 후보를 뽑아 통보하고 인터뷰 날짜를 잡는다.

통보

후보자가 결정되면 통보를 하게 되고 인터뷰 일정을 잡게 된다. 인터뷰는 짧게 진행되기도 하지만 때로는 하루 종일 진행될 수도 있다. 기본적인 인성뿐만 아니라 업무능력까지 보는 경우이다. 업체에 따라 적성검사를 시행하기도 하고 엔지니어의 경우 그 자리에서 작은 프로젝트를 완성해보도록 하기도 한다. 따라서 서류심사 합격 통보와 인터뷰 날짜를 잡는 것은 물론 인터뷰에서 진행될 내용에 대해 명확하게 알려 주어야 한다.

4. 인터뷰 및 검증 과정

최고의 인력을 구하기는 쉽지 않다. 가능한 모든 방법을 동원해야 하고, 고용을 위해 여러 가지 검증 과정을 거쳐야 한다. 물론 현실적으로 감이 중요하다. 여러 가지 면에서 같이 일해보고 싶은 사람은 만나는 순간부터 감이 오기 마련이다. 하지만 이러한 감을 검증하는 과정을 반드시 거쳐야 한다. 고용을 결정하기 전에 가장 먼저 할 것은 사실 확인이다. 이력서상의 경력과 학력 등에 대한 검증이다. 만일 작은 거짓이라도 있다면 고용을 철회하여야 한다. 신뢰성에 금이 가기 때문이다. 기본적인 신뢰가 없이는 같이 일할 수 없다. 좋은 감을 가지고 있는 사람이라도 검증과정 없이 고용하는 것은 훗날 큰 위험 요소가 될 수 있다. 따라서 결정을 하기 전에 가능하면 다음의 과정을 거쳐야 한다.

- **공식적인 인터뷰**

인터뷰는 고용의 가장 좋은 검증 방법일뿐더러 공식적인 과정이다. 태도는 물론, 지식, 경험 그리고 인성까지 알아볼 기회다. 인터뷰를 잘하려면 사전에 철저하게 준비해야 한다. 무엇을 물어볼 것인가 리스트를 만들고 하나하나 조목조목 따질 수 있어야 한다.

인터뷰 예상 질문 리스트
- 당신의 약점 및 강점은?
- 지난 6개월 사이에 내렸던 가장 중요한 결정은?
- 앞으로 하게 될 일의 성공 요인은?
- 이 일을 하면서 달성하고자 하는 개인적인 목표

- **업무지식**

업무에 관련된 질문을 좀 더 구체적인 상황에 빗대어 던져 본다. 예를 들어 보자. 마케팅 부분을 총괄하는 Executive 급의 사람을 찾는다고 하면 다음과 같은 질문들을 던져 봐야 한다.
- 제품의 런칭을 어떻게 하는 게 좋을까?
- 현재의 제품군에서 가장 강조해야 할 기능은 무어라고 보는가?
- 광고 대행사는 어디를 생각하고 있는가?
- 제품에 하자가 생겼을 때 어떤 식으로 처리하겠는가?

이러한 질문은 앞으로 담당하게 될 업무에 대한 지식뿐만 아니라 의사결정 스타일을 파악할 수 있는 질문들이다. 즉 사업을 추진하면서 벌어질 수 있는 각종 상황은 물론 제품과 시장에 대한 통찰력을 얼마나 가졌는지를 판단해볼 수 있다.

- **미리 준비된 질문들**

가능한 질문을 미리 준비하는 것이 좋은데 즉흥적인 질문은 최소화하고 오랫동안 생각하고 구상했던 질문들을 던져야 한다. 즉흥적인 질문은 감정적으로 흐를 수 있고 감정적인 면이 고용 결정에 영향을 미치기 때문이다.

- **상투적인 질문들**

질문 중에는 상투적인 내용으로 대상자의 과장과 허풍을 유도할 수 있는 질문들이 있다. 이러한 질문과 답변은 대부분 시간 낭비일 수 있다. 즉 과장이나 허풍을 떨 기회를 주지 말라는 것이다. 따라서 다음과 같은 추상적인 질문들은 삼가야 한다.

- 왜 우리 회사에서 일하고 싶어 하시는지?
- 지금까지 당신이 가장 자랑스럽게 생각하는 업적은?
- 가장 크게 실패했던 기억은?
- 지금까지 가장 중요한 경험은?

- **여러 채널을 통한 검증** Reference Check

사전에 고용 대상에 대해 체크를 해야 한다. 가능한 결정을 내리기 전에 여러 채널을 통해서 그 인물에 대한 외부견해 등의 검증을 마쳐야 한다. 관련 업계의 인맥이나 네트워크를 통해서 제3자의 인물평 등을 들어 보고 마지막 결정을 하는 것이 좋다. 많은 경우 일단 결정 후에 이러한 검증을 하는데 최종결정 전에 이러한 검증을 마쳐야 한다.

• 수습기간

고용 결정 후에 일정 시간 동안 수습기간을 갖는 것이 좋다. 보통 1~3개월간의 수습기간이 필요하다. 아무리 검증을 한다고 해도 실수는 생기기 마련이다. 기업과 개인 역시 서로 맞아야 최고의 결과를 만들어 낼 수 있다. 만일 애초의 기대나 예상대로가 아니라면 물러나는 것이 최고의 방법일 것이다. 따라서 이러한 수습기간은 서로에게 필요하다. 사실상 능력이 있다해도 새로 입사하면 훈련 기간이 필요하기 마련이다. 제품도 알아야 하고 조직구성원들과 교류도 해야 한다. 수습기간이 끝나면 차분한 협의를 거쳐서 계속 같이 일할 수 있을까에 대한 최종적인 결정을 내리는 것이 중요하다. 어쩌면 우수한 인원으로 팀을 구성한다는 것은 가장 중요한 일이라고 볼 수 있다. 팀 구성에 가장 많은 신경을 써야 하고 뽑아온 인원들을 꾸준하게 관리해 나가는 것이 좋다.

제7장

돈돈돈!

사업에 있어서 돈은 피와 같다.
혈액순환이 되지 않으면 사업이 진행될 수 없다.
돈을 구하는 일, 정말 힘들다.
스타트업의 꽃은 자신의 사업모델을 인정받아
그것이 기관이든 개인이든 투자를 받고
그 투자금을 가지고 혼신의 힘을 기울여 사업을 성공시켜
사업가는 꿈을 이루고 투자자는 수익을 올리는 것이다.
어쩌면 이것이 스타트업의 핵심이다.

1. 돈은 어디서

사업하면서 돈을 구하러 다녀 본 사람이면 누구나 알 것이다. 그것이 얼마나 어려운 것인지…. 사업계획서를 보내고 전화하고 이메일 쓰고 투자자들에게 한 번만 만나게 해달라고 해도 미팅이 이루어지지 않는 경우가 많다. 투자유치는 스타트업의 사업활동에 중요한 부분 중 하나이다. 따라서 투자의 확률을 높이고 가장 효율적으로 투자자에게 접근하는 방법과 과정이 필요할 것이다.

결과적으로 가장 빠르게 투자를 받을 방법이 무얼까를 고민해야 하는데 이런 면에서 본다면 나와 내가 하고 있는 사업에 대해 알고 있는 사람들에게 투자를 유치하는 것이 가장 빠른 방법일 수 있다. 그렇다면 본격적인 외부투자를 실행하기 전에 투자 가능성을 놓고 가장 빨리 투자를 받을 수 있는 대상을 정리해 보는 것이 좋겠다.

- 기 투자자

만일 투자유치가 처음이 아니라면 기투자자들이 가장 좋은 투자자가 될 것이다. 물론 회사의 가치에 대해서도 가장 잘 알고 있을 것이고 관심이 있다면 현재 상태를 가장 잘 알고 있을 것이다. 새로운 투자자를 찾는 것보다는 기 투자자들에게 문의하는 것이 투자유치의 첫걸음이 될 것이다. 이렇게 하면 기 투자자는 추가 투자를 하는 경우도 있을 것이고 나아가서는 투자유치에 도움을 준다. 주변의 재력가, 기관 등을 소개하고 추천하는 등 많은 도움을 줄 수 있다.

- 변호사, 회계사 등의 전문 파트너

사업을 하려면 변호사, 회계사, 광고대행사 등, 사업 파트너를 만나게 된다. 사실상 사업의 파트너 역시 중요한 투자자가 될 수 있다. 본인은 물론 다른 투자가들을 소개해 줄 수 있을 것이다. 그리고 변호사와 회계사는 투자유치 및 회사 실사 과정에서 긴밀하게 협력하고 협조해야 할 파트너이다. 이런 작업을 함께하다 보면 회사의 사업잠재력을 알게 되고 더불어 여러 가지 사정을 알게 되면서 자연스럽게 투자 기회를 엿보게 된다.

- 대학교수

실리콘밸리에서 대학 교수(특히 스탠퍼드 대학)의 영향력은 매우 크다. 따라서 실리콘밸리에서 사업할 경우 근처 대학(스탠퍼드 대학 Standford University, UC 버클리 UCBerkeley, 산타 클라라 대학 Santa Clara University, 산호세 주립대학교 San Jose State University 등)의 교수진과 연결고리를 가지고 있고, 교수들이 투자자에게 회사나 사업을 소개하면 실리콘밸리의 투자자나 VC 들의 관심을 받을 확률이 높아진다.

투자자에게 접근할 때 주변의 네트워크를 통하는 것이 미팅을 할 수 있는 확률이 높고 나아가서는 투자 결정에도 영향을 미친다. 투자 유치 시 가장 먼저 해야 할 일이 주변을 돌아보는 것이다. 그리고 회사를 가장 잘 아는 인물을 통하는 것이 투자 유치를 빠르게 할 수 있는 방법이다.

2. 투자유치 전에 선행되어야 할 것들

사업계획서가 완성되었다고 해서 투자받을 준비가 끝난 것은 아니다. 외부에서 자금이 들어온다는 것은 투자 후엔 더 이상 창업자들만의 회사가 아니라는 것이다. 투자자에게 사업계획서가 전달되고 나서 관심을 보이면 투자 관련 조건 등 관련된 각종 질문 및 자료요청이 있을 것이다. 어떤 상황에서 어떤 질문과 요청이 와도 발 빠르게 대처해야 하는데 이를 위해서는 먼저 몇 가지 준비가 확실히 되어있어야 한다.

1) IP (지적재산권, Intellectual Property)

기술기업의 큰 자산은 기술 특허이다. 만일 투자를 원한다면 특허출원을 하는 것은 기본이다. 보호받지 않은 기술을 대상으로 투자하는 투자자는 드물다. 투자자 입장에서는 지적재산권에 대한 특허출원은 하나의 검증과정이다. 특허를 출원하는 과정에서 이미 있는 기술이거나,

다른 회사의 기술을 모방했는지 등을 알 수 있기 때문이다. 특히 미국의 VC들에게는 매우 민감한 문제이다. 투자한 회사가 제품이나 기술을 출시하기 직전 또는 출시 직후에 제3의 회사에게 IP 관련 소송을 당하는 최악의 상태가 벌어질 수도 있기 때문이다.

2) 지분구조

회사의 지분구조 즉, 소유권 구조를 일목요연하게 정리해야 한다. 지분구조를 보고 사업의 전체적인 영향력과 지배력 등을 파악할 수 있다. 가능한 사업을 이끄는 당사자가 전체적인 지배력을 행사하는 것이 투자자에게 어필할 수 있다. 어떤 상황이든 현재 지분구조를 정리하고 향후 투자 후$^{\text{After Money}}$ 지분구조를 투자 금액과 함께 정확하게 정리해서 알려주는 것이 좋겠다.

여기서 주목할 것은 미국의 VC들이 바라보는 창업자의 회사에 대한 지배력^{Governance}에 대한 시각이 한국과는 다소 차이가 있다는 것이다. 한국의 VC 또는 투자자들은 창업자 또는 중요한 멤버가 지분을 통한 지배력이 높은 것을 선호한다. 하지만 미국의 VC들은 대체로 지분구조가 1인에게 몰리는 것을 달갑지 않게 생각하는 경우가 많고 창업자 역시 투자가 계속 이루어지면서 자신의 지분이 줄어드는 것을 자연스럽게 받아들인다.

3) 팀 구성

현재 사업을 같이 하고 있는 팀원들을 리스트업하고 그들의 경력과 역할을 정리한다. 특히 현재 사업에 있어서 어떤 핵심 역할을 하고 있는지, 과거에 성공한 경험은 특별히 부각하는 것이 좋다. 그리고 앞서 언급했듯이 팀원들의 지분관계도 함께 보여주도록 준비해야 한다. 팀의 멤버들의 면면이 우수하다 하더라도 팀워크가 중요하다. 적절한 부문에서 자기의 역할을 하면서 전체적인 조화를 이룰 수 있는 팀원 구성이라면 더할 나위 없다. 투자를 유치하기 전에 팀워크를 확실히 다지고 투자자들에게도 균형 있는 팀 구성을 보여줄 수 있어야 한다.

4) 투자 조건 Stock Offering

투자 조건은 무엇인가? 투자금액은 물론 지분의 종류와 가격 등을 알려주는 내용을 투자 제안서 형식으로 준비한다. 최근에는 투자 방식이 다양화되면서 지분율과 주당 가격뿐 아니라 지분의 권리에 대해 정확하게 알고 있어야 하므로 가능한 변호사의 도움을 받는 것이 좋고 회사가 발행한 또는 발행할 주식에 대한 내용을 정확히 알고 있어야 한다. 또한, 회사의 가치평가에 대한 기준을 알고 있어야 하는데 이와 관련된 내용은 투자 조건과 함께 투자자들이 가장 많이 묻는 말 중 하나이다. 가능하면 공신력 있는 기관의 가치평가를 받으면 좋겠지만, 현실적으로 어렵다면 가치에 대한 나름의 근거자료를 만들어 가지고 있어야 한다.

5) 관련 법규

회사가 법적으로 적법한 활동을 하고 있는지 그리고 세금, 등록 등의 기본적인 요건사항을 준수하고 있다는 내용을 서류상으로 정리해서 어느 때라도 보여줄 수 있어야 한다. 물론 모든 내용을 적법하게 진행하고 그에 따른 서류를 잘 갖추고 있어야 한다.

3. 미국의 VC

벤처캐피탈$^{\text{Venture Capital}}$(이하 'VC')의 발상지가 미국이라는 데는 이견이 없다. 물론 사업의 자본금을 대고 회사가 성공하였을 경우 이에 대한 보상을 투자한 자본금 이상으로 회수하는 방식은 오래전부터 있었을 것이다. 하지만 이러한 투자 활동이 제도적으로 자리를 잡은 곳이 미국이고 VC야말로 자본주의가 낳은 최고의 산물이라고 해도 과언이 아니다.

VC의 용어적 정의는 투자자금을 조달하고 이를 창업 초기의 (또는 기업공개 이전) 주식인수 형태로 투자하고 다양한 기업 전문 서비스를 제공하여 해당 기업의 가치를 상승시킨 후 투자 지분을 매각하여 수익을 얻는 것을 말한다. 미국의 VC가 세계 각국의 VC 산업의 모태가 되었고 가장 선진화된 시스템이라고 말하고 있는데 한국의 경우 여러 가지 면에서 미국의 시스템과는 다른 양상을 보이고 있다. 1990년대 후반에서 2000년도 초반, 벤처 산업이 붐을 이룰 때, 미국의 시스템을 그대로 모방하는 양상을 띠었으나 미국의 시스템이 우리와는 맞지 않는 점이 발견되어 지금은 한국의 VC 관련 제도나 시스템이 미국의 그것과 많이 다르다.

따라서 미국에서 사업활동을 하는 스타트업들이 미국의 VC들과 접촉하여 투자를 유치하기 위해서는 미국의 VC들이 어떻게 운영되고 있는지 알아야 할 필요성이 있다. 보기에는 기술기업의 미래에 투자하는 VC의 개념은 같지만, 그 운영방법과 기술 심사 방법, 의사결정 과정이 매우 다른 양상을 보이고 있다.

미국의 VC가 본격적으로 생겨나기 시작한 것은 1950년 말경으로 추정된다. 주로 유한책임투자 조합$^{Limited\ Partnership}$으로 생겨나기 시작하였는데 이는 진정한 VC라기보다는 유망한 기업에 투자하는 투자조합으로 몇몇 부자들이 돈을 모아 조합을 만드는 형식이었다. 1970년대에 들어서면서 진정한 의미의 VC가 나타나기 시작하였는데 1990년대까지 VC는 급속한 발전을 거듭하게 된다. 이 기간에 기업투자에 관한 새로운 법률들이 제정되었고 중소기업에 대한 투자 활성화를 위한 정부의 제도적인 지원으로 인해 기업으로의 투자가 쉬워지고 또한 투자수익 분배 또한 자유롭게 되었다. 이 기간은 미국의 VC들이 그 형태나 제도 면에서 자리를 잡는 시기였다.

1971년 미국증시에 나스닥^{NASDAQ}이 출범해 기술기업의 상장이 활발해지고 VC들의 투자 자본 회수가 쉬워지게 되면서 VC 산업은 급성장하기 시작하였다. 1972년에는 미국의 VC 협회$^{\text{Venture Capital Institute}}$가 결성되었으며 1980년도에는 전격적으로 중소기업촉진법$^{\text{Small Business Investment Incentive Act}}$이 제정되었다. 중요한 것은 이제 VC를 단순한 투자 전문기관이 아닌, 기업을 발굴하여 개발하는 기관으로 정의하기 시작했다는 것이다.

더욱이 1980년대를 기점으로 PC 붐이 시작되면서 기술 부분으로 자본이 적극적으로 유입되기 시작하였다. 이렇게 되면서 VC들도 규모 면에서 대형화되고 전문화되었다. 과거에 개인의 친분에 의해 비공식적으로 이루어지던 투자가 이제 공식화되고 투자 심사의 과정도 전문화하는 양상을 띠게 된다. 1990년대에 들어서면서 VC는 본격적으로 산업화되는 과정에 들어선다. 상당수의 VC들이 생겨나고 규모 면에서 대형화되고 VC 사이에 수익률을 가지고 경쟁이 심화하였다. 또한, 인터넷이 등장하면서 IT 부문의 VC 투자는 가장 주목받는 투자모델로 부각했다. 1990년대 말에는 10억 불 이상의 자금을 운용하는 VC들의 숫자가 20여 개에 달했다. 2000년대 들어서 인터넷 버블이 사라지면서 VC의 활동이 다소 위축된 것은 사실이다. 그러나 VC는 아직도 활발하게 활동하고 있으며 미국의 VC들은 국경을 넘어서 세계 각국의 유망한 기술기업에 투자하고 있다. 한국의 스타트업과 벤처회사 중에는 미국의 VC로부터 투자를 받은 기업이 있는데 대부분 기술적으로 우수한 기업들이다.

세월이 흘렀지만 미국의 VC들은 유한 책임 투자조합$^{\text{Limited Partnership}}$ 형태를 고수하고 있다. 여기에는 세금과 관련된 부담을 줄이려는 표면적인 이유가 있다. 일반 주식회사의 경우 법인세와 주주의 배당금에 대한 소득세를 내야 하지만, 조합의 경우 소득 배분 후 조합원이 소득세만을 내면 된다. 또한, 민간의 출자를 통해 자금을 조성한다는 면에서 보면 조직구조 역시 일반 법인의 체계가 아닌 다소 개인 중심의 조직구조를 유지하고 있다.

이러한 조합의 형태는 투자 심사의 방식이나 과정에 영향을 미친다. 먼저 VC에게 사업계획서를 제출하는 과정에서부터 개인적인 네트워크나 친분에 의존할 수밖에 없다. 물론 공식적인 창구로 사업계획서를 제출하지만, 투자대상 후보에 오르는 것조차 하늘의 별 따기다. 그리고 1차 심사과정은 어쩔 수 없이 개인의 체계화된 지식을 바탕으로 이루어진다. 1차 심사에서 사업성을 인정받으면 2차 심사인 전문가의 기술 평가 및 시장성 평가를 받게 된다. 그리고서 3차 심사는 조합의 주요 멤버들이 모여서 토론을 거친 후에 만장일치 또는 다수결 원칙에 따라 투자 여부가 결정된다.

많은 부분이 과학적인 데이터에 의존한다기보다는 개인의 생각과 지식에 의존할 수밖에 없다. 따라서 미국 VC의 심사기준 중 제1의 덕목이 사람이다. 누가 회사를 운영하는가가 관건이 된다. 미국의 VC들 사이에는 'bet the jokey, not the horse'라는 말이 있다. 경주에 있어서 기수에게 돈을 거는 것이지 달리는 말에게 돈을 걸지는 않는다는 말이다. 과거에 이미 성공한 경험이 있다든지 아니면 기술적으로 명망이 있으면 과감하게 투자한다.

이런 점에서 본다면 한국의 스타트업이 미국의 VC들에게 투자를 받는다는 것은 쉬운 일이 아니다. 즉 순수하게 기술과 제품의 시장성만을 가지고 승부를 겨뤄야 하는 것이다. VC와 접촉이 되어 투자유치 활동을 할 때에도 한국과는 다소 다른 접근 방법을 택하는 것이 좋다. 사업계획서를 만드는 단계부터 미국의 VC들의 기준을 잘 알고 이에 따라 작성해야 한다는 것이다. 물론 사업 설명회도 마찬가지이다. 미국 VC들이 찾고 있는 것을 정확하게 제시하는 것이 가장 중요하다.

4. 미국 VC 투자결정 과정

미국의 경우 VC는 기본적으로 순수 민간에 의해 자본이 형성되고 주도되고 있다. 그렇지만 정부에서 관련 규정을 철저하게 감시하고 있다. 따라서 대부분의 경우 투자대상이 되는 업체들이 법적으로 보호를 받지만, 투자 이후 VC의 권한 또한 무시할 수 없다. 이사회는 물론 회사의 경영에 여러 가지 형태로 관여하는 것이 보통이다. 물론 VC의 목적이 투자회수이므로 가능한 단기간에 어떠한 형태로든 높은 투자회수가 궁극적인 목표라는 것을 잊어서는 안 된다.

한국의 VC들이 주로 일정배수로 신주를 인수하는 방식인데 반해 미국의 VC들은 다양한 방식으로 투자한다. 신주인수, 무담보 전환사채 또는 무담보 신주인수권부사채의 인수, 지분 출자, 프로젝트 투자 등으로 이루어지는데 80% 이상이 상환우선주(상환주) 방식으로 이루어진다. 상환우선주는 기업 입장에서는 주식의 일종으로 부채가 아닌 자본 계정으로 잡히므로 재무구조를 해치지 않고, 이익잉여금이 있을 때 VC 입장에서 배당금 지급 또는 투자금 상환 요구가 가능하다.

VC들의 투자 목적은 기본적으로 주식공개[IPO] 또는 기업의 매각 및 합병[M&A]을 통한 이익을 목적으로 하고 있으므로, 기본적으로 3년 이내 IPO가 가능한가를 우선으로 본다. 업체별로 다르지만 투자 시점에 최소 당기순이익이 2~3백만 불 정도 되는 기업이 가장 좋은 유망 투자 대상이 된다고 보고 있다. 즉 유망한 기술만을 가지고 있는 초기의 소규모 벤처기업을 적극적으로 지원하는 구조가 아님을 알 수 있다.

VC는 특성상 주로 자체 자본금이 아닌 펀드운용 방식으로 투자가 이루어진다. 따라서 일단 사업계획서가 1차 심사를 통과하고 나서 투자가 이루어지려면 VC의 투자심의 위원회의 승인절차를 거쳐야 한다. VC마다 다르긴 하지만 투자심의 위원회는 기술적인 전문가는 물론, 펀드에 돈을 넣은 사람 등이 포함되어 다수결이 아닌 만장일치로 승인이 나야 하는 것이 보통이다. 물론 투자결정을 위해 난상토론이 벌어질 때도 있다. 그렇지만 아무리 분석을 하고 격론을 벌여도 VC의 투자 성공률은 10%를 넘지 못한다.

5. 한국 스타트업의 실리콘밸리에서 투자 유치

한국의 스타트업 중에 미국에서 투자유치에 성공하는 기업들이 있다. 이러한 업체 대부분이 기술개발이 완료되었거나 시장에서 좋은 평가를 받고 있는 기업들이다. 미국의 벤처캐피털^{VC}들이 한국의 기업에 투자할 때는 절대적으로 기술이 우수한지보다는 현지 시장성을 중요시한다. 즉 미국 시장이나 글로벌 시장을 겨냥한다기보다 국내 시장에서 뛰어난 가능성을 보이는 데 주력을 하는 것이 현실적이라 보는 것이다. 그리고 한국의 기업에 투자하는 실리콘밸리의 VC들은 저마다 한국인 출신의 담당자를 두고 있는데 한국의 시장을 이해하고 미국 VC 생리를 이해하고 있는 사람들이 투자 적합성을 평가할 수 있다는 판단에서다.

자, 그렇다면 과연 미국의 VC에게 투자를 받기 위해서는 한국시장에서 통할 만한 소위 한국의 로컬 마켓Local Market에 특화된 기업이 좋을까? 아니면 전 세계를 상대로 한 글로벌 시장 모델이 좋은가? 갈림길에 서게 된다. 한국에서 개발된 비즈니스 모델Business Mode, BM이 세계시장 특히 미국시장에서 통할 수 있을까 하는 생각도 하게 된다.

스타트업의 BM은 추구하는 시장에 따라서 네 가지 정도 구분된다.

1) 한국시장을 겨냥한 BM
사실상 한국에서 개발되어 한국시장만을 겨냥한 BM으로 이미 상당한 시장성을 인정받고 안정적인 수익모델을 가지고 있는 BM이다. 한국시장에서만 성공할 수 있는 특별한 BM이다.

2) 한국시장을 위해 개발되었으나 미국으로 진출 모색
한국에서의 성공을 발판으로 미국시장을 통해 글로벌 시장으로 나가려고 하는 BM이다. 이 경우 상당 부분 소위 '로컬라이제이션Localization'이라는 현지화 과정이 필요하다. 이런 기업들은 대부분 이미 한국에서 투자를 받은 경험이 있고 고정적인 수익원도 확보된 상태이다.

3) 미국시장을 겨냥한 모델
처음부터 미국시장을 겨냥하여 개발된 BM으로 국내에서 출시되었다 하더라도 주요 고객층은 미국이나 글로벌에 있다고 보는 경우이다. 애초 한국에서 시작했다 하더라도 나중에 본사를 미국으로 이전하는 형태로 진행된다.

4) 미국에서 성공한 모델이 한국시장에서 복제되는 BM

미국에서 성공한 모델을 그대로 한국으로 가지고 와 현지화시킨 경우인데 주로 미국에 사는 한인 교포 등이 이 방식으로 투자를 받고 국내시장에 진입하여 성공적으로 사업을 수행한 경우가 있다.

2008년도 세계 금융위기를 기점으로 미국의 벤처투자는 얼어붙었지만 2009년도 2분기부터 벤처투자는 다시 회복세를 띠기 시작했다. 2013년 상반기 동안 47억 불의 벤처투자가 이루어졌는데 인터넷 부문과 환경, 바이오텍이 주를 이루고 있다. 기존의 반도체, 장비 등 투자 회수가 오래 걸리는 것보다는 2~3년 정도 후에 수익을 볼 수 있는 단기 투자가 선호되고 있다. 더욱이 한국의 IT 기술이 세계적인 수준에 근접하면서 통신부문에 대한 투자가 활성화되고 있다.

미국에서도 IT 버블이 붕괴하면서 많은 VC들이 파산을 하기도 하였는데 VC의 상징인 실리콘밸리에 있는 팔로알토 시의 샌드힐 로드$^{Sand\ Hill\ Rd.}$에 즐비하던 VC 사무실의 많은 수가 문을 닫거나 철수하였다. VC의 생리상 성공보다는 실패가 더 많은 것이 현실이다. 물론 사업초기에 투자를 하는 엔젤 투자자도 있지만 대부분의 VC들은 이제 어느 정도 검증된 업체나 기술에 투자한다. 어떤 BM이 되었든지 VC들은 일단 돈을 목적으로 하기때문에 투자회수에 대한 것을 제일 염두에 둔다. 최근에는 미국이든 한국이든 어디에서든 간에 성공적으로 사업을 진행하고 Exit 모델에 대한 확신만 있다면 투자를 하고 있어서 아주 고무적이라 할 수 있다.

6. 투자 과정

	제 목	내 용
1	사업계획서 전달	회사의 사업계획서 작성 및 사업계획 발표
2	1차 사업 검토	관련내용 검토 및 투자관련 의향 전달
3	사업계획서 실사	사업계획서의 내용이 확실한 지에 대한 실사 과정
4	투자 관련 협상	금액, 투자 조건 등에 대한 협상
5	투자 계약서	투자 계약서 작성 및 계약 성사
6	자금 투입	투자 조건에 따라 자금 투입
7	사업 활동	사업계획에 따라 사업 활동
8	Exit	사업의 매각, 합병 또는 IPO

< 투자자가 듣는 가장 흔한 10가지 거짓말 >

거이 가와사키$^{Guy\ Kawasaki}$는 투자자들이 피칭에서 가장 많이 듣는 거짓말을 다음과 같이 정리했다.

- 우리의 예상 매출은 보수적인 수치입니다.
- 통계에 의하면 우리 제품의 시장규모가 약 500억 불이라고 합니다.
- 오라클, 삼성이 우리와 곧 계약할 예정입니다.
- 투자가 되면 AAA가 우리 팀으로 들어올 예정입니다.
- 몇몇 투자의 실사가 진행 중입니다.
- 대기업이 못 보는 틈새시장입니다.
- 특허출원되어 기술이 완전히 우리 것입니다.
- 시장의 1%만 가져도 엄청난 매출이 될 것입니다.
- 우리가 처음이기 때문에 당분간 1위를 하겠지요.
- 우리는 세계 최고의 팀을 가지고 있습니다.

제8장

브랜딩

Products are made in factory; brands are created in the mind.
제품은 공장에서 만들지만 브랜드는 마음속에 새겨지는 것이다.
- 월터 란도르^{Walter Landor} -

브랜드는 인식에 호소한다.
품질과 디자인을 넘어서 고객의 마인드에 각인되는 것이다.
한국의 스타트업이 미국의 시장에 진출해서
브랜드로 자리를 잡는다는 것은 절대 쉬운 일이 아니다.
스타트업 대부분은 브랜드에 대해 신경을 쓸 겨를이 없다고 한다.
하지만 스타트업이 처음부터 브랜드에 신경을 써야 하는 이유는,
힘들더라도 일단 자신의 브랜드를 고객의 마음에 새겨 놓고 나면
그 만큼 훌륭한 자산이 없기 때문이다.
훌륭한 브랜드야 말로 스타트업이 지향해야 할 최정점의 목표이다.

1. 브랜드^{Brand}란?

'상품은 공장에서 만들어 지지만 브랜드는 마음속에 새겨지는 것이다.' 기본적으로 브랜드는 제품, 서비스, 회사, 조직 등의 고유한 명칭을 말한다. 광범위하게 보면 브랜드는 회사나 제품을 넘어서 사람, 사회적 이슈, 정치적 목적 등 매우 폭넓게 사용되고 있다고 볼 수 있다. 좀 더 자세히 설명하면 브랜드는 어떠한 객체에 연결된 기능적인 요소뿐만이 아니라 개념적인 요소로 궁극적으로는 자산의 일부로 평가되기도 한다. 즉 브랜드라는 것은 한번 설정되고 알려지고 나면 보이지 않는 소중한 자산으로 자리 잡게 되는 것이다. 특히 브랜드를 통해 확실히 구별되는 고유한 가치가 되는 것이다.

브랜드는 통합적으로 보면 세 가지 의미로 좁혀진다.

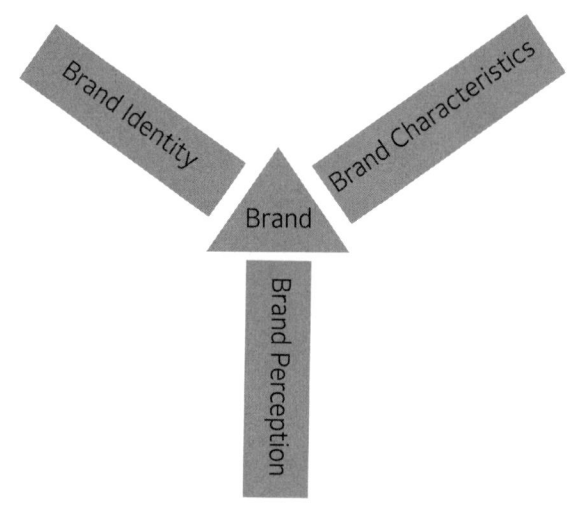

- Brand Characteristics : 제품, 서비스, 기업이 가지고 있는 총체적인 성격, 성질로 물리적인 기능뿐 아니라 내재한 가치, 그리고 문화적, 감정적인 자산
- Brand Identity : 브랜드가 가지고 있는 고유한 브랜드 이미지
- Brand Perception : 브랜드에 대해 고객이 가지는 지속적인 관념

새로운 제품이 출시될 때마다 새로운 브랜드명이 탄생한다. 제품은 디자인뿐만아니라 이름을 가지게 되고, 상표가 디자인되고 상품의 로고가 만들어진다. 그럼 브랜드가 탄생한 것인가? 그렇지 않다. 아직 브랜드가 만들어진 것은 아니다. 제품명, 디자인, 로고는 브랜드의 일반적인 겉모양이다. 진정한 의미의 브랜드는 아니라는 것이다. 가장 중요한 것은 브랜드란 소비자의 경험으로 충만해야 하는데 그렇게 하기 위해서는 제품이나 서비스가 소비자에게 전달되어야 함은 물론 각종 광

고, 이벤트 등의 마케팅 활동을 통해서 브랜드가 가지는 고유한 의미가 알려져야 한다. 시간이 흘러가면서 브랜드의 진정한 의미가 확산되고 브랜드가 가지고 있는 고유한 문화가 형성되어야 한다.

2. 스타트업의 브랜드 전략수립

스타트업의 시장 진입은 독특한 브랜드를 만드는 것부터 시작된다. 브랜드 전략은 여러 가지 마케팅 활동을 포함한 실행안을 수반해야 하고 지속적인 브랜드 수립을 위해서 가능한 세부적으로 만들어야 한다. 브랜드 전략은 알리는 데 그치는 일방적인 한 방향이 아닌, 양방향으로 소통해야 하는 장기적인 프로젝트이다. 브랜드 전략에 포함해야 할 몇 가지 중요한 내용이 있다.

1) 디자인

브랜드를 형성하는데 디자인은 지대한 역할을 한다. 디자인은 브랜드의 시각적 커뮤니케이션의 중심이다. 브랜드의 이미지 형성에서 시각적인 커뮤니케이션이 중요한데 어떤 사물이나 모습에서 느껴지는 인상이나 느낌, 어떤 것을 생각할 때 머릿속에 떠오르는 이미지이다. 디자인은 바로 고객과 브랜드를 이어주는 창구이자 연결고리이다. 디자인이 좋으면 브랜드는 고객에게 호감을 가져다주어 구매 욕구를 충족시켜주고 만족도도 높여 준다.

브랜드는 실체가 나타나지 않지만, 이것이 디자인화하면 비로소 눈으로 볼 수 있는 명확한 특성을 갖추게 된다. 브랜드의 시각화 과정에서 디자인의 역할은 개성 부여와 차별화로 대변될 수 있다. 개성을 부여하는 것은 브랜드가 가지는 의미의 최대화이고 독특한 특징을 만들어 주어야 한다. 브랜드를 디자인하는 데 있어서 가장 중요한 요인은 개성^{Identity}과 차별화^{Differentiation}이다.

2) 브랜드의 에반젤리스트를 만들라

브랜드를 알리는 데 가장 효과적인 방법은 브랜드에 대한 호감이 강력한 믿음, 마음속의 신념으로 각인된 에반젤리스트^{Evangelist}를 만드는 것이다. 에반젤리스트의 사전적인 의미는 '전도사'로 번역될 수 있다. 브랜드를 알리는 데 있어서 가장 효과적이고 효율적인 방법이 바로 브랜드에 대한 충성도가 매우 높은 고객을 발굴하고 그들을 통해 브랜드의 우수성을 확산시키는 방법이다. 세상 어딘가에는 나의 브랜드에 마음을 빼앗긴 사람이 있기 마련이다. 그들은 거의 종교적으로 브랜드에 대한 충성도가 높은 사람들이다. 그것이 주변의 사람들이건 가까운 친구이건 상관이 없다. 브랜드에 대해 무조건적인 신뢰를 가지고 브랜드를 알리는 역할을 하는 사람이 바로 브랜드 에반젤리스트$^{Brand\ Evangelist}$이다.

< 브랜드 에반젤리스트$^{Brand\ Evangelist}$를 만드는 방법 >

- **고객의 반응과 피드백에 귀를 기울여라.**

고객의 의견은 가장 가치 있는 것이다. 당신의 제품의 단점과 장점에 대한 지적에 민감해야 한다. 무엇을 개선해야 하는지 무엇을 바꾸어야 하는지, 경쟁사와 비교해 우수한 제품을 만드는 데 무엇이 필요한지에 대한 진정한 피드백을 소중히 생각해야 한다. 진정한 피드백과 이를 정성스럽게 받아들이는 것. 그것이 에반젤리스트^{Evangelist}를 만든다.

멕킨지의 조사에 따르면 고객의 의견에 대해 뭔가 조치가 이루어지고 있다고 느낀다면 소비자 대부분은 그 브랜드에 대해 강한 호감을 갖게 된다고 한다. 고객에 대한 어떤 형태로든지 반응하는 것이 중요하다. 고객의 의견에 귀를 기울이고 긍정적이든 부정적이든 그 의견에 대해 반응하는 것, 이것이야말로 브랜드에 대한 충성도를 높이는 지름길이다.

여러 가지 채널을 통해 고객의 의견, 특히 충성고객의 의견, 충고 또는 불평을 지속적으로 모니터링해야 하는데, 인터넷은 물론, 모바일 등 각종 매체를 통해 의견수렴의 창구를 확대하고 관심과 주의를 기울여야 한다. 스타트업은 제품이나 서비스 출시 후 가장 신경 써야 할 부분이 이러한 고객과의 소통을 창구를 개설하고 지속적으로 반응해야 한다.

- **경쟁 브랜드에 대해 끊임없이 연구하라**

경쟁 브랜드에 대한 소비자의 의견을 항상 주시해야 한다. 소셜미디어는 물론 블로그, 페이스북, 트위터 등을 바탕으로 경쟁 브랜드에 대한 소비자들의 반응, 특히 왜 소비자들이 경쟁사의 브랜드에 열광하는지 연구해야 한다. 그리고 이를 꾸준히 당신의 브랜드에 적용해야 한다. 특히 스타트업 입장에서는 기존의 시장을 잠식하고 있는 브랜드에 대한 피드백을 자신의 브랜드 개발에 적용할 수 있다. 경쟁사 브랜드에 열광하는 요소를 찾아보는 것이다.

- **소셜미디어**

소셜 미디어의 장을 만들고 그 내용을 꾸준히 관리하는 것이 중요하다. 어떤 것이든 이슈를 만들어 내는 것이 중요하다. 그리고 이슈에 대해서 사람들이 적극적으로 참여하게 하는데 형식적인 것을 배제해야 한다. 특히 제품과 서비스에 대한 불만을 표출할 때는 자신의 의견을 적극적으로 나타낼 수 있도록 해야 한다. 그 이유는 불만에 대해 적극적으로 대응하면 불만자들을 에반젤리스트로 전환할 수 있기 때문이다. 특히 불만자의 주변인, 친구와 친지들의 참여를 유도해 낼 수 있을 것이다.

결국 에반젤리스트는 소통을 통해 만들어진다. 그것이 불만이 되었든 칭찬이 되었든 고객의 의견에 반응하는 것이 중요하다. 인터넷과 모바일을 통해 여러 소통의 채널이 존재한다. 고객에 대한 반응은 브랜드에 대한 충성도의 시작이다. 이런 맥락에서 소셜미디어는 스타트업이 가장 중요하게 생각해야 할 소통의 장이다.

< 에반젤리즘 마케팅 Evangelism Marketing >

에반젤리스트 마케팅은 구전 마케팅의 하나로 제품이나 서비스에 강하게 매료된 고객군을 통한 추천을 통해 주변 사람들이 제품 또는 서비스를 사용하도록 하는 마케팅 기법이다. 이러한 에반젤리스트 고객군은 자발적으로 제품의 마케팅을 하는 셈인데, 이러한 활동에 대해 어떤 대가도 받지 않으면서 제품은 물론 회사, 그리고 브랜드까지 알리고 다닌다. 따라서 에반젤리스트는 회사 의도에 따라 생겨나는 것이 아니라 제품에 대한 사랑에 빠진 팬클럽과도 같은 형태라 볼 수 있다.

에반젤리스트 마케팅은 제휴 마케팅 Affiliate Marketing과 구분된다. 제휴 마케팅의 경우 제품을 무료로 제공하거나 대가를 지급한다. 흔히 대가를 받고 진행하는 파워 블로거 마케팅 Power Blogger Marketing이 제휴 마케팅이라고 볼 수 있다. 따라서 에반젤리스트의 경우 회사에서 어떤 대가도 받지 않고 자발적으로 이루어지기 때문에 더욱 신뢰와 확신을 줄 수 있는 마케팅 방법이다.

3) 회사명 vs. 제품명

IT 회사의 경우 기업명을 말하면 떠오르는 제품이나 서비스가 있다. 즉 바로 생각나는 제품이 있고 제품의 브랜드보다는 기업의 이미지에 더 집중하는 현상이 있다. 예를 들면 구글^{Google} 하면 일단은 검색엔진이 떠오를 것이다. 인수한 유튜브^{Youtube}를 제외하고 구글은 사실상 출시하는 모든 제품이나 서비스에 구글 브랜드를 붙이고 있다. 구글 폰$^{Google\ Phone}$, 구글 AD$^{Google\ AD}$ 등이다. 그렇지만 강력한 구글 브랜드에도 불구하고 별다른 성공을 거두지 못했다. 구글이 세계 최고의 검색엔진이라는 타이틀 때문일까?

반면 애플을 보자. 애플은 그 로고가 가지고 있는 선명한 상징성과 혁신의 가치에도 불구하고 브랜드명은 아이패드, 아이폰으로 출시했다. 컴퓨터는 맥북$^{Mac\ Book}$이라고 칭했다. 물론 애플이 만든다는 것은 누구나 알고 있다. 하지만 브랜딩 전략은 제품마다 다른 브랜드명을 장착했다. 그 이유는 뭘까? 애플은 스티브 잡스가 떠나고 나서 몇 번의 실패를 경험하게 되는데 스티브 잡스가 돌아온 후 아이패드를 기점으로 성공 가도를 걷게 된다. 다시 말해 애플의 이름을 걸고 실패하면 애플이 가진 고유한 브랜드 이미지까지 손상을 줄 수 있기 때문이 아닐까?

그렇다면 스타트업에게 시사하는 바는 무얼까? 기업 브랜드와 제품 또는 서비스 브랜드를 차별화시키는 것도 한 방법이 될 수 있다는 것이다. 즉 스타트업 각자의 제품, 속해있는 시장 또는 산업, 고객 등에 따라 기업과 제품의 브랜드 전략과 주안점이 달라져야 한다는 것이다.

기업용 소프트웨어를 제공하는 오라클의 경우 'ARC'라는 제품명보다는 오라클이라는 브랜드가 더욱 강렬하게 다가온다. 즉 기업형 DB라는 제품이지만 오라클이라는 브랜드에 더 집중하게 된다. 보통 소비재의 경우 회사의 이름보다는 제품명 또는 제품의 브랜드가 강조되는 경우가 많다. 회사의 이름을 떠나 상품 자체가 강한 브랜드로 자리 잡기를 바라는 경우다. 제품이 가지는 상징성을 강조해서 브랜드로 만들려고 하는 논리다.

여기서 스타트업이 주의 깊게 봐야 할 것이 있다. 스타트업이 미국 시장에 진출할 때 생각해야 할 전략이 될 수 있다. 과연 회사의 이름을 브랜드화할 것인가 아니면 제품명을 브랜드화할 것인가. 대부분의 성공적인 IT 기업은 회사 이름이 브랜드화되었다. 구글, 페이스북, 에버노트, 스카이프 등 그 수가 부지기수다. 여기서 판단해야 할 것은 두 가지이다. 만일 회사이름을 브랜드화시키고 거기에 제품이나 서비스의 명칭도 회사의 이름과 같게 간다면, 만일 첫 제품이 실패하게 되면 회사의 브랜드도 타격을 입을 수 있다.

한편, 회사명과 다르게 제품명을 별도의 브랜드로 출시하면 제품이 실패하더라도 회사의 브랜드는 타격을 입지 않는 면이 있다. 모토롤라는 1998년 수십억 불의 돈을 쏟아 부은 이리듐^{Iridium}이라는 위성 통신 장비 및 서비스를 개시하였다. 결과는 참패였다. 출시 당시 이리듐의 브랜드 마케팅을 위해 모토롤라는 한 달간 2억 불 가까운 돈을 뿌렸다. 이리듐은 모토롤라에 금전적으로 엄청난 손해를 끼쳤지만 모토롤라라는 브랜드에 주는 타격은 미미했다. SK텔레콤은 2005년 미국에서 '헬리오Helio'라는 이동통신 서비스를 출시했다. 헬리오는 한국 대기업이 미국에 진출해 실패한 대표적인 사례이다. 하지만 미국에선 헬리오와 SK텔레콤의 관계를 아는 사람이 별로 없다. 즉 서비스는 망해도 회사의 브랜드에는 악영향을 미치지 않는다는 것이다.

4) 스타트업의 브랜드 전략

브랜드 전략은 그야말로 전략적인 접근이 필요하다. 스타트업은 자원이 항상 부족하다. 특히 브랜딩을 위해서 많은 자금을 할애할 형편이 아니다. 따라서 회사의 브랜드와 제품 또는 서비스의 브랜드를 별도로 가지고 가기가 쉽지 않다. 실패를 대비한다는 측면에서는 제품과 서비스 브랜드를 따로 빼서 브랜딩하는 것이 맞지만, 현실적으로 힘들 수 있다. 절대적으로 회사의 상황에 맞게 움직여야 한다는 것이다.

회사의 브랜드와 제품 서비스의 브랜드, 생각해 보면 그것은 스타트업이 가지고 있는 전체적인 비전 그리고 전략과 연계해서 생각해야 한다. 예를 들어 큰 틀에서 볼 때 회사가 향후에 여러 제품과 서비스를 출시하는 모델일 수도 있고 아니면 하나의 사업모델에 집중하는 모델일 수도 있다.

만일 모바일 게임을 출시하는 스타트업이라면 당연히 게임 자체의 브랜드에 집중해야 한다. 회사의 브랜드보다는 (아직 회사가 알려지지 않았기 때문에) 게임의 기능과 재미 그리고 게임의 등장인물^{Character}에 더 몰입하는 것이 좋다. 이번에 출시하는 게임이 성공을 하든 실패를 하든 회사는 앞으로 계속 게임을 출시할 것이다. 게임의 다운로드가 늘고 성공의 가능성이 보일 때 그때 게임 제작사로서 브랜드 등을 가미해도 늦지 않다.

하지만 SNS를 사업 모델로 가지고 있는 회사라면 SNS 서비스 자체가 회사명과 동일하게 가는 것이 맞다. 회사 로고부터 시작해서 회사의 브랜드 자체가 홍보되고 관심을 끌어야 한다. 나아가서는 회사의 문화도 브랜드의 하나의 요소가 될 것이다. 회사의 사업이 일관성 있게 하나의 사업모델을 추구한다면 제품이나 서비스에 회사 브랜드와의 연관성을 가지고 적극적으로 브랜딩하는 것이 좋다.

브랜드는 흔히 스토리가 있어야 한다고 한다. 모든 스타트업이 브랜드를 만들고 있다. 그리고 로고 디자인, 색깔, 글자가 브랜드의 전부라고 생각한다. 하지만 디자인보다는 자신의 브랜드에 어떤 스토리를 심을 것이냐가 관건이다. 브랜드가 전달하는 심플한 메시지 그러나 그 뒤에 숨겨진 스토리까지 연결될 때 진정 열광하는 브랜드를 만들 수 있다. 제품과 서비스가 전달하는 품질과 기본적인 기능은 물론이고 고객이 느끼는 만족감 그리고 신뢰감, 거기에 스타트업으로서 가져야 할 혁신의 느낌이 들어가야 성공적인 브랜드로 자리 잡을 수 있다.

3. 브랜드 알리기

아무리 제품의 질이 우수하다 하더라도 브랜드가 알려지지 않아서 제대로 대접을 받지 못하는 것이 현실이다. 자체 브랜드를 가지고 미국시장을 공략해야 하는 것은 모든 업체들의 꿈이지만 절대로 쉽지 않다. 브랜드를 알리고 이를 통해서 제품을 적절한 가격에 팔고 브랜드를 바탕으로 미국시장에 정착하는 것이 목표이다. 사실상 아직도 미국시장에 확고하게 자리를 잡고 있는 IT 업체는 한국을 대표하는 대기업 삼성과 LG 정도이다.

그렇다면 스타트업이 미국에서 브랜드를 정착시키는 것은 불가능한 것인가. 물론 대단위 자금을 쏟아 부으면 얼마든지 가능한 일이다. 미국에서 브랜드를 런칭해서 최소한 비용과 시간으로 브랜드를 알려 정착시키는 데는 전략이 필요하다. 물론 우수한 제품은 기본이다. 제품이 우수해야 브랜드도 인정받을 수 있다. 불량한 제품에 브랜드만 알린다면, 이야말로 부정적인 이미지를 더욱 알리는 꼴이 된다.

브랜드명과 디자인을 다시 한 번 살펴보자. 매우 민감한 부분이다. 회사의 상호가 브랜드명이 될 수도 있고 따로 브랜드명을 지을 수도 있다. 브랜드명이 어색하고 너무 외국 색을 띠거나 부정적인 의미를 전달할 가능성이 있다면 이를 배제하여야 한다. 삼성전자는 미국에서 '애니콜^{Anycall}'이라는 브랜드를 사용하지 않는다. 은어로 쓰이면 저속한 의미이기 때문이다.

브랜드명은 첫인상으로 기억하기 쉬워야 한다. 특히 한국에서 잘나가는 브랜드라고 해서 무조건 미국으로 가져가 실패하는 경우가 종종 있다. 미국 현지에서 연상되는 이미지 등을 고려해야 한다. 가능한 기본적으로 브랜드명의 후보군을 정해서 기초적인 설문조사 등을 거쳐서 결정해야 한다. 디자인의 경우 브랜드의 고유 색상과 이를 상징하는 로고, 그리고 브랜드를 나타내는 적절한 글자체 등을 정해야 한다. 산업별로 다르겠지만 로고와 브랜드는 연관성 또는 일관성이 있어야 한다. 일단 브랜드와 로고는 가능한 일정 기간 변경하지 않는 것이 좋다. 좋든 나쁘든 간에 일단 정해지면 일관성 있게 밀고 나가는 것이 바람직하다.

브랜드 알리기

브랜드 런칭은 가능한 제품의 출시와 같이 하는 것이 좋다. 브랜드를 연상시키는 제품이 있어야 브랜드에 대한 인식이 생기기 때문에 브랜드를 보고 최소한 어떤 용도와 기능의 제품인지 연결되어야 한다. 대형 트레이드 쇼$^{Trade\ Show}$ 및 컨퍼런스를 통하는 것도 좋다. 제품의 출시와 동시에 미국 내 미디어를 통해 프레스 릴리스$^{Press\ Release}$를 하게 된다. 비즈니스 와이어$^{Business\ Wire}$나 업계의 유력 언론을 통해 제품과 관련된 내용을 발표하는 것이다. 기사를 영문으로 작성하여 일정한 금액을 지급하면 기사가 나갈 수 있다. 미디어 부분에 신경을 좀 더 쓴다면 제품과 관련된 기사가 나갈 수도 있고 전문가의 사용 후기, 평가 등의 게재도 유도해 볼 수 있다. 물론 사전 조율이 필요한 부분이다.

광고는 관련 업계의 잡지를 비롯한 미디어를 이용하고 작은 광고라도 브랜드와 제품에 대한 광고가 일정 기간 꾸준히 나가는 것이 바람직하고 광고의 문구나 광고의 디자인 등을 3개월에 1회 정도 교체하는 것이 효과적이다. 제품의 출시 전이나 브랜드 런칭 전에도 브랜드명을 광고 게재하면서 궁금증을 유도하는 것도 브랜드 인지도를 높이는 데 도움을 줄 수 있다. 최근에는 각종 웹을 통한 배너 광고 또한 필수적이다.

브랜드 마케팅

브랜드와 제품을 런칭하면 이제 지속적인 마케팅 활동이 필요하다. 즉 브랜드를 지속적으로 알리고 관리해야 한다. 가장 먼저 브랜드를 알리는 효과적인 방법 중 하나가 스타 마케팅$^{Star\ Marketing}$이다. 즉 업계의 유력 인사나 연예인을 비롯한 유명인사를 통하여 제품을 알리는 방법이다. 한국과는 달리 미국의 스타 마케팅은 비용 측면에서 의외로 저렴하다. 하지만 IT 제품의 특성상, 업계의 유력인사를 내세우는 것이 더 효과적이다. 예를 들면 통신 관련 장비의 경우 온라인 게임의 챔피언을 섭외하여 네트워크의 속도를 강조하여 제품과 브랜드를 알리는 것이다.

소셜 네트워크를 사용한 마케팅은 최근의 절대적인 추세이다. 전문인력을 확보하여 꾸준히 관리하고 커뮤니티에 좋은 이미지를 심는 것이 중요하다. 이와 같은 마케팅은 제품이나 기술적인 면에 대해 지속적으로 알리고 브랜드 이미지를 심는데 상당한 효과를 나타낸다. 그리고 좀 더 적극적으로 웹 커뮤니티$^{Web\ Community}$를 만들고 온라인 또는 오프라인의 지원도 아끼지 않아야 한다. 또한, 웹사이트 운영에서도 디자인, 구성, 정보 제공, 고객 서비스 등에 각별한 신경을 써야 한다.

브랜드를 알리고 브랜드 이미지를 높이기 위해서는 각종 행사참여 또는 지원이 이어져야 한다. 즉 발로 뛰는 노력이 따라야 한다는 것이다. 각종 자선행사, 환경 관련 행사에 적극적으로 참여하여 미국에서 그저 제품이나 팔고 떠나는 외국 업체라는 인상을 심지 않기 위해서는 지역 커뮤니티에 봉사하고 이바지하려 한다는 점을 부각할 필요가 있다. 많은 업체가 그저 상업적인 면에서 브랜드를 알릴 궁리만을 하는데 장기적으로 본다면 미국사회에 조금이라도 도움을 준다는 이미지가 중요하다.

브랜드를 만들어 미국에서 자리를 잡게 한다는 것은 많은 노력, 시간 그리고 자금이 필요한 일이다. 좋은 제품과 믿을 만한 브랜드, 그리고 미국 사회에 긍정적인 회사의 이미지를 갖게 된다면 자연히 수익은 따라오기 마련이다. 여러 업체가 좋은 제품만을 내세워 브랜드를 만들었지만 일순간 사라지기도 한다. 미국시장에 들어와 장기적으로 자리를 잡기 위해서는 비록 IT 업체라고 하지만 기술보다는 브랜드가 오히려 더 중요하다는 것을 알아야 한다. 브랜드가 건실하게 자리를 잡으면 소비자는 그 브랜드를 찾기 마련이다. 지속적인 전략과 꾸준한 관리를 통해 믿을 만한 브랜드를 확보할 수 있다면 그보다 가치 있는 자산은 없다.

제9장
미국 시장의 유통

제품이든 서비스이든 결국은 유통이다.
광대한 시장에서의 유통망 확보는 사업의 성패를 좌우한다.
"좋은 제품은 찾아와 사갈 것"이라고 생각하는 것은 착각이다.
마케팅을 통해 제품을 알리는 것도 중요하지만
소비자와의 접점이 없다면 판매가 이루어 질 수 없다.
특히 하드웨어의 경우 제품의 유통은
개발과 생산을 능가하는 중요성을 가지고 있다.
스타트업이 미국시장에 들어와 유통망을 확보하기 위해서는
기본적으로 미국의 IT 제품에 대한 유통망을 이해하는 것이 중요하다.

1. IT 제품의 유통

미국시장에서 유통업체들은 특권을 누리는 것처럼 보일 정도로 그 영향력이 지대하다. 제조업체들은 어쩔 수 없이 유통망을 가진 업체에게 끌려다니다시피 하는 실정인데 IT 제품도 예외는 아니다. 전통적으로 유통업체가 모든 산업활동의 중심에 서 있다고 해도 과언이 아니다. 여러 가지 이유가 있을 것이다. 그나마 기술적으로 경쟁력이 있는 IT 제품은 사정이 좀 낫다고 볼 수 있다. 제품에 있어서 기술력과 제품의 특성이 소비자의 구매를 좌우하는 경우가 많기때문에 생산업체가 주도권을 조금이나마 가지고 있다고 할 수 있다.

미국의 유통구조는 생각보다 복잡하다. 월마트나 코스트코와 같은 창고형 할인점은 유통구조의 단순화를 통해 가격 인하를 추구한다는, 당시로써는 획기적인 발상으로 미국에서 가장 강력한 유통업체로 자리를 잡았다. 최근에는 인터넷을 통해 생산자가 직접 소비자에게 제품을 공급하는 모델이 새로이 부상하고 있다. 하지만 아직도 유통업체가 산업의 중심에서 주도권을 잡고 있다는 현실에는 변함이 없다. 그러면 미국시장에서 유통부문의 주도권은 어떻게 생긴 것일까. 첫 번째 이유는 지역적으로 광대하다는 점일 것이다. 광대한 지역에서 유통망을 확보한 유통업체에 제품을 공급할 수밖에 없는 것이 현실이다. 전국적으로 네크워크를 가지고 있는 유통업체가 주도권을 가질 수밖에 없는 구도이다. 미국에서 생산자 또는 제품 공급자가 소비자를 만날 때까지는 여러 단계를 거치게 된다.

생산자의 제품이 소비자에게 전달될 때까지 총판, 도매, 소매의 여러 단계를 거치다 보니 소비의 주체인 소비자가 지급하는 전체 금액의 약 25%~ 30%만을 생산자가 가지고 가고 나머지 75%는 광고업체를 비롯한 유통업체의 마진으로 가져가는 현상이 생기게 되었다. 겉으로는 '소비자가 왕'이라고 하지만 실제로는 유통업체가 왕이 되는 것이 현실이다. 따라서 알려지지 않은 기업의 제품이 소매점까지 가려면 실로 갈 길이 멀다고 하겠다. IT 제품 역시 유통은 복잡하다. 브랜드가 없는 한국의 스타트업의 제품이 소매점에서 소비자의 눈에 띄기 위해서는 눈물겨운 노력과 투자가 필요하다. 기본적으로 이러한 유통망을 거치지 않고 직접 소매자에게 다가가기 힘든 구조로 되어 있다. 오프라인은 물론이고 온라인의 경우도 예외는 아니다.

미국에 산재해 있는 전자상가나 소매점은 대부분 체인화되어 있다. 미국 전역에 대형 전자상가를 운영하는 업체들의 영향력은 막강하다. 전 세계의 IT 업체들은 규모를 막론하고 이러한 전자 상가에 줄을 대려고 눈에 불을 켜고 있다. 하지만 유통업체들은 까다로운 조건을 내세우며 생산업체를 길들이려 한다. 브랜드가 좀 알려졌으면 사정이 좀 낫지만 그렇지 않다면 거래를 시작하는 자체가 쉬운 일은 아니다.

거래가 까다롭기로 정평이 나 있는 베스트 바이$^{Best\ Buy}$는 미 전역에 2,000여 개의 매장을 운영하고 있어서 여기에 납품하면 광대한 미국 전역의 소비자를 접할 수 있다. 물론 베스트 바이와 거래를 시작하기 위해서는 각고의 노력이 필요하다. 사실상 한국의 스타트업이 베스트 바이와 직접 거래를 시작한다는 것은 하늘의 별 따기다. 브랜드 인지도가 낮으므로 일단 품질과 가격으로 승부를 겨룰 수밖에 없다. 여기에 각종 까다로운 조건들이 기다리고 있다. 특히 대금 지급조건은 자금력에 한계가 있는 중소기업이 미국시장에 진출하는 데 최대의 걸림돌이다. 여신 90일은 보통이고 6개월 이상의 여신을 요구하는 경우도 많다.

대형 전자상가나 할인점에 제품을 입점시키기 위해서 중간 단계의 총판 또는 유통전문 에이전트와 일을 하게 되는 경우가 많다. 입점 후 홍보를 위해 제품을 소비자에게 잘 보이는 진열대에 올려 홍보하기 위해 지급하는 프로모션 피$^{Promotion\ Fee}$, 그리고 장기의 여신까지 고려하면 수익을 올리기가 쉽지 않다. 그리고 제품이 일정 기간 팔리지 않으면 전량 반품 조치되고 소비자들의 반품도 고스란히 교체해 주어야 한다.

이유 여하를 막론하고. 한국의 기업 중 미국에서 장사하고도 계속 적자를 보는 경우가 비일비재하다. 어려움 중 가장 큰 것이 이러한 유통업체의 고질적인 무소불위의 권한이다. 지나칠 정도로 권력이 집중되어 있다. 이러한 현상에 반해 업체별로 직접판매를 위한 온라인 판매를 강화하고 직판을 위한 점포를 확보하는 등의 노력을 하지만 아직 큰 효과가 없는 실정이다. 인터넷이 등장하면서 이러한 유통에로의 권한 집중 현상이 완화되리라는 기대가 확산하였고, 또 전자상거래의 활성화로 생산자가 직접 소비자에게 제품을 공급하면 이로 인해 기존의 유통업체들이 심각한 타격을 입을 것이라는 의견이 팽배했다. 적어도 2000년대 초반까지는 그랬다.

그러나 인터넷은 또 다른 거대한 유통업체를 양산해 냈다. 그리고 기존의 대형유통업체가 저마다 온라인상 점포를 개설하면서 그 영향력이 더욱 확대되는 효과를 거두고 있다. 인터넷이라는 유통매체는 또 다른 유통라인일 뿐이다. 온라인의 유통 거인 아마존을 보자. 온라인 서적판매로 시작한 아마존은 전 세계의 거대한 고객 그룹을 통해 IT 제품을 판매하고 있다. 전자상거래 부문에서 아마존의 영향력은 타의 추종을 불허하고 지금도 전 세계의 IT 업체들은 아마존을 통한 제품 판매를 위해 눈에 불을 켜고 있다.

이러한 유통부문의 독주는 온라인으로 옮겨졌다. IT 제품의 온라인 유통은 전자상거래가 시작된 후 급증해 왔는데 이제 유통업체가 제품을 기획 개발하는 단계에까지 이르렀다. 기대와는 달리 유통업체의 주도권은 온라인과 합쳐지면서 더욱 거대해지고 있으며 생산업체의 입지가 더욱 좁아지고 있는 것이 현실이다.

이러한 조류가 시사하는 점은 IT 업체가 미국에 진출할 경우 일반적으로 겪는 어려움 중 하나인 유통망 확보에 지급해야 할 비용과 선행 투자되어야 할 인적 물적 자원이 더욱 커지고 있다는 것이다. 따라서 좀 더 효율적인 전략과 확고한 파트너십을 통한 미국 시장 진출만이 효과를 거둘 수 있을 것이다.

2. 판이하게 다른 유통구조

미국에서 자체적으로 영업 관련 인프라를 구성하여 유지하는 데는 적지 않은 비용이 소요된다. 일단 영업조직을 만들어 운용하고 거기에 자체 브랜드로 미국시장에 발을 들이려면 그 비용은 기하급수적으로 늘어나고 만다. 굴지의 대기업이라면 이러한 선행투자를 각오하고 미국 진출을 꾀하지만 스타트업의 경우 어려운 실정이다.

미국시장의 유통은 그야말로 복잡하기 짝이 없다. 따라서 한국의 실정에 따라 그 모델을 그대로 답습한다면 성공의 가능성은 희박하다. 물론 제품과 고객에 따라 유통구조는 다양해진다. 업체나 제품에 따라 가지고 있는 자원 및 일정에 따라 유통망을 개설해야 하는데 그 가장 널리 쓰이는 방법이 미국의 현지 업체와의 제휴이다. 전략적 제휴, 판매 제휴는 그 형태가 매우 다양하다.

미국은 시장이 지역적으로 넓다 보니 유통구조 또한 복잡하다. 그리고 그 소비자들의 유형도 다양해서 제품별로 유통망과 파트너를 잘 선택하는 것이 중요하다. 일단 대중을 소비자로 할 것인지, 아니면 실수요 즉, 기업 또는 정부를 대상 고객으로 할 것인지를 파악해야 한다. 때에 따라서는 지사설립을 해야 할 경우도 있고 다양한 기간의 여신을 주어야 할 경우도 있다.

제품과 고객에 따라 크게 다음 세 가지의 유통 구조로 나뉜다.

1) 마케팅 에이전트

한국의 기업들이 가장 선호하는 모델이 미국의 마케팅 에이전트를 통하는 방법이다. 에이전트의 경우, 일반적으로 독점권을 확보하지 않고 제품을 제조사와 고객을 연결하는 역할을 한다. 그리고 거래가 형성되면 일정 비율의 커미션을 받는다. 따라서 마케팅 에이전트들은 제품을 까다롭게 고른다. 마케팅 에이전트를 이용하면 시장에 바로 진입할 수 있는 장점이 있고 그에 따른 비용 또한 비교적 저렴하다. 하지만 에이전트 대부분은 여러 제품을 취급하고 있어 집중력이 떨어지는 면이 있다. 일부 유능한 에이전트들은 판매가 이루어지기 전에 일정금액의 마케팅 서비스 비용의 지급을 요구하는 경우도 있다. 또한 거래가 이루어지게 하려고 가격 및 보증기간 등을 무리하게 추진하는 경우도 있다.

따라서 마케팅 에이전트를 이용할 경우, 에이전트에 대한 지속적인 관리와 지원이 필요하다. 단기간의 판매보다는 장기적인 파트너십을 쌓는다고 생각하고 인내를 가지고 기다리는 것이 필요하다. 대부분의 제품이 미국시장에 진출하여 매출을 올리는 데까지 보통 1년 이상의 시간이 소요된다. 그래서 가능한 마케팅 에이전트를 선택할 때 많은 마케팅 네트워크를 확보한 파트너를 찾는 것이 중요하다.

때로는 마케팅 에이전트를 단지 제품을 판매하는 하청업체로 생각하는 수가 있는데 미국의 경우 유통과 판매를 담당하는 쪽에서 많은 우선권과 기득권을 가진다는 것을 알아야 한다. 에이전트 계약을 수립한 후에는 공을 들여야 한다. 본사로 초청하여 회사의 개발시설 및 공장을 둘러보게 하고 본사의 담당자들과 인사를 하도록 하여 업무추진이 원활하도록 사전에 조치하는 것이 좋다. 그리고 마케팅 또는 판매 과정에서 적극적으로 참여하여 고객의 소리를 듣고 정보도 확보하는 것이 바람직하다.

주로 일반 소비자를 대상으로 하는 완제품의 경우 에이전트를 이용하는 것이 좋은데 이는 제품의 성능이 검증되어 있고 판매 이후에 고객서비스가 비교적 간단하기 때문이다. 또한, 제품의 포장 디자인의 변경 및 포장 재질의 변경 등 제품의 현지화 작업은 에이전트와 협력하여야 한다. 따라서 에이전트를 이용하여 미국 시장의 진출을 꾀할 경우, 가능한 미국형 제품을 완성하기 전에 에이전트와 긴밀하게 협력할 필요가 있다. 에이전트는 그저 물건을 가져다 파는 수준이 아니라 미국진출의 파트너로서 교두보 역할을 하게 된다.

2) 디스트리뷰터

제품을 직접 매입해서 일정 마진을 더해서 판매하는 경우를 디스트리뷰터^{Distributor}라고 한다. 즉 재고를 안고 사업을 하는 유통업체라고 볼 수 있다. 때에 따라서는 미국시장 전체 또는 일부 지역을 나누어서 지역별 독점권을 주기도 한다. 독점권을 주기 위해서는 일정 물량의 매입을 보장하는 것이 일반적인 관례이다. 디스트리뷰터의 경우 강력한 유통 채널을 가지고 있다. 보유한 유통 채널에 따라 대체로 다음과 같이 구분된다.

- **대형 소매상**

디스트리뷰터 중에 미국 내 소매상들과 네트워크를 가지고 제품을 공급하는 경우가 있는데 대형일반 매장 또는 전자상가를 상대하는 경우이다. 즉 월마트$^{Wal-mart}$, 타겟^{Target} 등의 대형 일반 매장 또는 베스트 바이$^{Best Buy}$나 시어스^{Sears}에 제품공급을 위해서는 이러한 디스트리뷰터를 통하는 것이 쉽다. 간혹 업체를 직접 상대하는 경우가 있지만 여러 가지 제반 조건 등이 있기 때문에 소매 유통 업체와 돈독한 관계인 디스트리뷰터를 통하는 것이 여러 면에서 유리하다.

대형 소매상의 경우, 벤더^{Vendor}라고 부르는 소수의 정해진 디스트리뷰터만을 상대하여 제품을 구매하는 경우가 많다. 즉 일정 기준을 만들어 이를 충족하는 업체만 벤더 리스트$^{Vendor List}$에 올려놓고 그 업체를 통해서 제품을 구매하는 것이다. 벤더 리스트의 벤더가 되기 위해서는 먼저 미국에 법인이 설립되어 있어야 하고, 회사의 자산 신용등급 등 종합적인 평가기준을 따지는 감사를 통과해야 하는데, 한국의 신규 업체가 이를 만족하기는 쉽지 않다. 따라서 대형유통망에 들어가기 위해서는 일단 디스트리뷰터와 손잡는 것이 유리하다. 생산업체 역시 벤더 리스트를 운영한다. 최종 제품을 제조하는 업체에 부품 또는 모듈을 납품하는 경우인데, 이런 생산업체는 일부 벤더 이외에는 부품을 구매하지 않는다. 디스트리뷰터는 벤더의 자격으로 생산업체가 원하는 부품을 일괄 구입해 납품한다. 때로 대량 구입을 하기도 한다.

최근에는 이런 디스트리뷰터의 활동이 침체하고 있는데 이는 미국의 생산시설이 꾸준히 해외로 이전되면서 벌어지는 현상이다. 하지만 아직도 많은 디스트리뷰터들이 생산업체에 제품을 공급하고 있다.

디스트리뷰터가 제품을 생산 업체에 소개하기 위해서는 사전에 제품 평가의 단계를 거친다. 이때 제조사의 적극적인 지원을 요구한다. 대부분 기술적인 것이 많다. 따라서 평가가 진행되는 동안 제조사와 디스트리뷰터는 같은 팀이 되어 일하게 된다. 서로에 대해 믿음이 필요한 부분이다. 평가는 시간도 오래 걸리고 생산업체는 이해가 안 갈 정도로 까다롭게 여러 자료와 샘플을 요구한다. 때로는 생산시설에 대해 까다로운 감사를 실행하기도 한다. 그렇지만 일단 평가에 통과하고 나면 당분간은 꾸준히 공급할 기회를 잡게 된다.

- 일반 고객

일반고객에게 제품을 판매하는 디스트리뷰터도 있다. 이 경우 도매와 소매를 겸한다. 대형 창고에 여러 가지 제품을 보관하면서 전화 또는 인터넷으로 주문을 받는 업체이다. 잡화점 같은 형태를 띠지만 매출 규모는 무시할 수 없는 경우가 많다. 최첨단 하이테크 제품부터 단순 전자제품까지 전 제품을 취급하고 있다.

3) 독자 진출

국내 업체들 중 야심을 가지고 미국시장에 독자 진출하는 데 도전장을 내는 업체들이 많아지고 있다. 이는 중간에 에이전트나 디스트리뷰터를 끼지 않고 독립적으로 수요처와 직접 거래하는 경우를 말한다. 업체별로 그 형태는 다양하다. 업무의 성격이나 투자 형태에 따라 다르지만 유통만을 놓고 볼 때 다음과 같이 구분해 볼 수 있다.

- 현지 지사

한국의 본사가 투자해서 만든 지사이다. 즉 현지에서 제품의 판매와 고객지원을 한다. 그리고 판매 후 사후 관리 및 결제까지 담당한다. 한국에서 파견 나온 인원이 회사를 관리하고, 형식상으로는 판매는 지사가 하고 제조는 본사가 하는 형태를 띤다.

- 독립법인

한국의 본사와는 관련이 없는 독립법인이다. 본사와 계약을 맺어 제품을 공급하고 이에 대한 고객 지원을 하게 된다. 형식적으로는 지사와 업무의 성격이 흡사하지만 미국에서 독자적으로 설립된 독립법인이다.

- **연락 사무소**

미국에 법인은 있지만 그 활동이 제한적인 경우이다. 이는 수요처의 요구에 따라 미국 현지에 적절한 근거지가 있어야 한다는 조건에 따라 설립되는 경우로, 주로 현지 고객지원을 담당한다.

유통구조가 복잡한 미국에서 어느 모델이 자신의 회사에 적정한지를 결정하고, 회사 상황과 운용 가능한 자원, 자금력, 제품군 등 여러 가지를 꼼꼼하게 따져봐야 한다. 한국의 유통모델을 그대로 적용하면 낭패를 본다. 따라서 미국 시장을 철저히 조사하고 관련 제품에 대한 유통구조를 이해하여 실패나 비용을 최소화해야 한다.

유통 라인을 정리하면 다음과 같다.

유통 라인	내용	
마케팅 에이전트	- 커미션을 받고 판매 대행 - 시장진출에 따른 비용 최소화 - 마케팅 효과가 떨어짐	
디스트리뷰터	대형소매상 대상	- 대형유통체인
	생산업체	- 제품공급 벤더
	일반 고객	- 인터넷 또는 전화 판매
독자 진출	현지 법인	- 제품 유통 및 결제
	독립 법인	- 제품 유통 및 결제
	연락 사무소	- 고객 지원

3. 결제 시스템

미국과 한국의 결제 시스템은 겉에서 보기에는 별반 다르지 않지만 실제로는 차이점이 많다. 따라서 한국업체들이 미국에서 사업을 추진할 때 한국에서의 결제 방식과 관례를 생각하고 왔다가 낭패를 보는 경우가 있다. 유통에 막강한 권력이 집중되는 이유 중 하나가 바로 결제이다. 따라서 유통 업체를 상대할 경우 결제조건 등을 면밀히 따져봐야 한다. 거래 초기에 아쉽다고 결제조건을 유통업체 마음대로 했다가 나중에 어려움을 겪는 경우가 비일비재하다.

우선 가장 주의해야 할 것이, 미국의 유통업체들은 거의 LC$^{\text{Letter of Credit}}$(신용장)를 열지 않는다. IT 관련 유통업체들은 특히 이러한 현상이 심하다. 따라서 일반적인 수출을 생각하고 제품의 성능이 좋아 고객사가 제품 구매 및 유통을 결정하면 LC를 열어 줄 것이고 그 LC를 가지고 제품의 원자재를 구매하여 제조 후 납품하면 된다고 생각한다면 곧바로 어려움에 봉착할 것이다.

이렇게 LC를 열지 않는 데는 대부분의 거래가 여신으로 이루어지기 때문이다. 물론 선금지급$^{\text{Advanced Payment, TT Advance}}$ 또는 배송 시 대금을 지급하는 COD$^{\text{Cash on Delivery}}$ 등의 지급조건도 있지만 이러한 지급조건은 매우 드물다. 제품이 너무 잘 팔려서 사전에 물량을 확보하는 차원이 아니면 미국시장에서는 이러한 지급 조건은 하늘의 별 따기라고 볼 수 있다. 여신은 거래 시 계약서에 명시되어 있는데 NET30가 30일 이후 결제이고 NET60는 60일 이후의 결제이다. 즉 일정 기간의 여신을 주는 것이다. 지급 조건은 항상 거래 시 협상의 조건이 된다. 대형업체와 납품 거래를 할 경우 겉으로는 협상이라고 하지만 사실상 고객사가 여신의 조건을 좌우하는 것이 일반적이다. 특히 IT 관련 제품의 유통사나 미국 전역에 판매망을 가지고 있는 업체들은 지급조건이 최대의 무기이고 납품하는 업체가 주도권을 가질 수 없다.

국내의 업체들이 미국시장에 진출하면서 가장 고생을 하는 부분이 바로 지급조건이다 보니 대기업들조차도 미국의 고객사에 주는 NET90는 기본이고 심지어는 6개월 여신도 마다하지 않는다. 즉 제품을 납품하고 6개월 후에 돈을 받아가야 하는 것이다. 유통업체가 결제를 무기로 제조사 또는 공급업체를 길들이는 때가 많다. 미국시장은 구조적으로 유통업체의 힘이 막강하다. 유통업체에 제품을 공급해 놓고 결제를 제때 받지 못하면 자금난에 곤욕을 치를 수 있다. 특히 자금이 풍부한 대기업은 해당이 안되지만 자금이 부족한 중소업체나 스타트업들은 결제만을 믿고 있다가 시일에 차이가 나든지 아니면 제품에 대해 작은 클레임^{Claim}이라도 걸리게 되면 막대한 손해로 회사의 생사가 좌우되기도 한다.

미국의 대형 유통업체 중에는 전국에 수천 개의 매장을 가지고 결제를 통해 제조사들을 길들이는 경우가 비일비재하다. 때로는 제품을 공급한 제조사가 막대한 손해를 보는 경우도 있다. 가장 많이 쓰이는 방법이 결제를 늦게 하는 것이다. 즉 NET30로 결제하기로 하고 30일 이후에도 결제하지 않는 것이다. 결제 지연에서 가장 많이 쓰이는 방법이 바로 다음 물량이 들어오면 결제하는 방법이다. 즉 1차 물량의 결제를 2차 물량이 들어 왔을 때 결제를 하는 방법이다. 유통업체 입장에서는 한 번의 입고 물량을 공짜로 가지고 갈 수 있기 때문에 자금 부담이 거의 없다고 하겠다. 그러나 제조사 입장에서는 자금부담이 계속된다. 이렇게 물량을 계속 가지고 가다 보면 자연히 입고 물량이 지속적으로 늘기 마련이다. 따라서 제조사의 경우 자금부담이 점점 커진다. 1차 물량에서 1만 대를 공급했다 하자. 2차 물량에서는 2만 대를 주문하지만 납품하고 나야 1차 물량의 1만 대 값을 결제하게 된다. 이런 식으로 하면 갈수록 제조사의 자금 부담은 점점 불어난다.

실제로 미국에 진출한 한국의 한 LCD 모니터 제조업체의 예를 보자. 애초 미국 서부의 대형 IT 유통업체에 납품하게 되었는데 물량이 점점 느는데도 유통업체가 결제를 미루고 다음 물량이 들어와야 결제를 해주었다. 물량은 늘었지만, 코스닥 상장사로 어느 정도 자금력이 있었음에도 불구하고 자금에 대한 부담이 많아지게 되었다. 1년여의 거래 끝에 결국 업체는 결제되지 않으면 공급을 중단하겠다고 선언했다. 이에 유통업체는 제품에 대한 클레임을 걸어서 이미 공급한 제품을 매장에서 전량 철수하라고 통보했다. 제품을 전량 철수하고도 결제가 되지 않자 법정소송에 나섰지만, 유통업체는 막강한 자체 법무팀을 동원하여 오히려 유통업체가 손해를 보았다고 맞섰다. 결국, 손해를 감수하고 미국의 사업을 포기하고 철수하고 말았다.

자금은 어쩌면 기업을 돌아가게 하는 혈액과 같은 것이다. 대다수의 한국의 업체들이 미국의 유통업체와 거래를 시작하면 모든 것이 다 되었다는 식의 반응이다. 업체별로 자금력을 확인하고 감수할 수 있는 자금력에 한해서 거래를 하는 지혜가 필요하다. 무조건 주문을 준다고 덥석 받았다가는 칼이 되어 돌아올 수 있다.

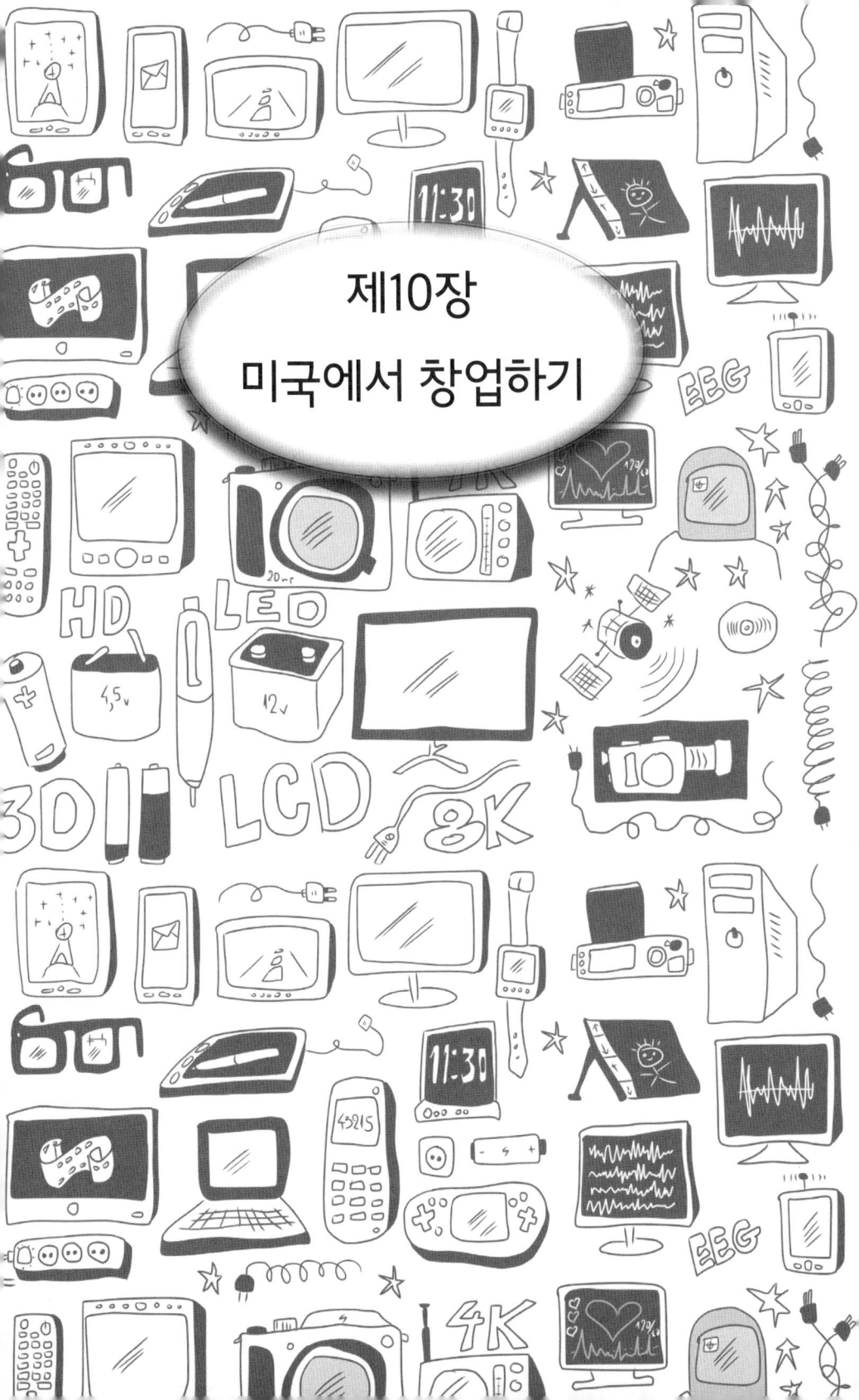

제10장

미국에서 창업하기

1. 미국 회사의 기본 원리와 설립

1) 법인의 기본내용

회사의 독립성

회사는 창업자와는 별도의 존재다. 이는 기본적으로 법적으로도 인정되고 세금 역시 별도로 부과되는데 회사의 독립성을 위하여 반드시 창업자는 회사를 독립적인 별개로 운영하는 것이 기본이다.

회사 자금을 개인 사업가의 개인적인 용도에 써서는 안 되며, 법적으로 요구되는 각종 기본적인 등록 및 납세의 의무를 잘 이행해야 한다. 예를 들면 주식회사라고 할 때 회사와 주주는 별개의 존재로서 주주는 회사의 부채 등을 갚아야 하는 의무가 없다. 그러나 주주가 회사의 자금을 단독으로 무책임하게 사용하고, 회사에 대한 기본적인 의무를 이행하지 않고 버려둔 경우 법원은 회사의 존재를 인정하지 아니하고 주주에게 회사가 지고 있는 채무를 갚을 것을 종종 요구하기도 한다. 회사의 미국의 창업문화를 이해하는데 기본이 되는 룰이다. 창업자들이 실패해도 다시 재기하여 다시 창업할 수 있는 법적인 근거가 되는 틀이다. 즉 회사가 망해도 개인적으로 신용불량자가 되고 패가망신하는 일은 매우 드물다.

회사의 기본 원칙 준수

회사의 원칙을 준수하기 위해서는 회사의 기본적인 절차를 지키는 것이 중요하다. 사업활동 중 벌어지는 영업 및 투자 활동과 그 외 운영상 발생하는 모든 일을 적절한 절차에 맞게 처리하는 것을 말한다. 가능한 여러 가지 내용을 문서로 기록하여 보관하는 것이 좋다. 한국의 본사가 미국에서 현지 지사 또는 영업/연락 사무소 설치를 위해 회사를 설립할 경우, 자칫 미국의 관련 법규가 번거로운 경우가 있는데 회사의 독립성을 유지하고 권리를 보장받기 위해서는 주의를 기울여야 한다.

지분의 종류

어떤 회사이건 종류를 마다하고 회사의 지분은 크게 두 가지로 구분된다. 표결권을 가지고 회사의 중요한 결정에 참가할 수 있고 성공적인 실적에 대한 보상이 충분히 주어지는 종류의 지분인 보통주$^{Common\ Stock}$가 있고, 표결권이 없고 성공적인 실적에 대한 보상은 적은 반면 회사가 정리 또는 매각될 경우 선결권이 주어지는 지분인 우선주$^{Preferred\ Stock}$가 있다. 투자자들은 협상을 통해서 여러 가지 형태의 회사의 지분을 획득할 수 있다.

실리콘밸리의 벤처 캐피털이나 엔젤 투자자들이 가장 흔하게 투자하는 방식의 주식형태는 다음과 같다.

- 전환 우선주

IT 스타트업 및 벤처 회사를 대상으로 최근 이용도가 높은 주식이 전환 우선주 Convertible Preferred Stock인데, 전환 우선주는 보통주에 비해서 여러 가지 면에서 우선권을 가지면서 일부 경영 참여권도 주어진다. 가장 중요한 것은 주주의 권한으로, 우선주에서 보통주로 전환이 가능하다. 이러한 우선주는 기본적으로 보통주와 똑같은 권리 이외에도, 회사의 이익 배당 시 또는 회사 청산 시 남은 자산의 분배에 우선권이 주어진다. 보통주로 전환에는 다음과 같은 특수 상황에 국한된다.

- 주식시장 상장 (IPO)
- 상장된 회사와 인수 합병시
- 여러 가지 이유로 우선주주들이 의결과정을 통해 결의

전환 우선주가 보통주로 전환하는 비율은 대개 1:1인데 상황에 따라 지분율은 변동될 수 있다. 경우에 따라서는 우선주의 종류가 한 가지 이상이 될 수도 있는데, 실제로 실리콘밸리에서는 우선주를 4~5가지로 구분해서 발행하는 경우가 대부분이다. 흔히 접하는 시리즈Series로 구분된 경우를 말한다. 이런 경우, 주식 가격은 물론 발행시기와 주주의 권한 등에 차별을 두게 마련이다.

- 보통주

보통주는 우선주에 비해서 권한이 상대적으로 약한 편이다. 순수한 투자 목적의 지분이라고도 볼 수 있는데 보통주는 이익 배당금의 특정한 권리도 없을뿐더러 회사 청산 절차를 밟는다면 남은 자산의 분배 시 순서도 우선주보다 뒤진다. 보통주는 주로 기술개발 인력과 관련 임직원들의 스톡옵션$^{Stock\ Option}$, 회사에 도움을 준 컨설턴트에게 주어지는 주식 권리^{Warrant} 등에도 사용된다.

2. 법인의 종류

주식회사 CORPORATION

주식회사는 창업자에게 가장 익숙한 법인 형태이다. 미국의 대기업은 물론 각종 중소기업, 자영업도 주식회사의 형태를 띠기도 한다. 설립은 주 정부에 회사 정관을 접수하고 등록하면 된다. 주식회사의 각종 사업 활동은 바로 회사 정관을 통해 이루어진다. 미국의 스타트업들은 사업을 시작할 때 대부분 주식회사를 설립한다. 주식회사가 보편적인 이유는 기본 구조가 사업 활동 및 투자 활동에, 그리고 상대적으로 창업자들에게 매우 유리하게 적용되기 때문이다.

주식회사는 C-Corporation과 S-Corporation으로 구분되는데, 세법 적용을 위한 분류라고 볼 수 있다. C-Corporation의 경우 우리나라의 주식회사와 마찬가지고 정관에 따라 자유롭게 사업활동을 하고 적극적인 투자유치 또한 가능하다. 소규모의 주식회사는 S-Corporation으로 등록할 수 있다. S-Corporation은 세법 적용시 약간의 대우를 받는데, S-Corpporation을 유지하려면 별도의 조항을 준수해야 한다.

합자회사 PARTNERSHIP

합자회사는 주로 동일한 지분으로 동업할 때의 형태이다. 2인 이상의 파트너들이 회사의 주인이 되는 회사이다. 회사의 운영을 모든 파트너들이 공정히 관여하는 경우도 있고, 파트너의 숫자가 많을 경우에는 일부만이 일반 파트너$^{General\ Partner}$로서 법인의 운영을 전담하고, 나머지의 파트너들은 수익만을 배당받는 제한된 파트너$^{Limited\ Partner}$로서 회사의 소유권만을 행사할 수도 있다.

2~3인으로 구성된 소수의 파트너로 구성된 파트너십의 경우, 파트너 모두가 회사 운영에 참가하는 제너럴 파트너십$^{General\ Partnership}$이다. 주로 변호사, 의사, 변리사, 회계사 등 파트너 별로 별도의 고객군을 가지고 사업을 하는 전문가들이 많이 사용하는 법인의 형태이다. 하지만 영업상 독립적인 의사 결정권을 보장하는 사안 이외에 일반적인 또는 상호협조를 요하는 회사경영과 관련해서는 전체적인 의견조율이 필요하다.

유한회사 LIMITED LIABILITY COMPANY

흔히 'LLC'라 하는데 회사는 주식회사와 합자회사의 특징을 모두 가진다. 경영과 세법에 있어서는 합자회사보다는 수월하고, 주식회사보다는 조금 더 복잡하다. LLC는 대부분 금융부문의 투자자문회사, 자산관리회사 등 금융사업 종사자들이 주로 사용하고 있다.

3. 법인의 구성원

1) 법인의 주식 또는 지분 소유자: 주주, 파트너, 멤버

법인의 종류에 따라 지분 소유자의 명칭도 다르다. 또한 그에 따르는 권리와 역할이 다르고 회사의 주요안건을 처리하는 과정도 다르다. 주식회사는 주주$^{Share\ holder}$, 합자회사는 파트너^{Partner}, 유한회사는 멤버^{Member}라고 칭한다.

주주의 권리

법인의 주식을 보유하면 기본적으로 회사의 주요 안건에 참여할 권리가 생긴다. 회사 정관 등 기본적인 내용은 물론 신사업 진출, 대규모 부채, 경영진 선출, 투자를 통한 증자, 경영 이윤 배당 등의 안건의 결정에 참여할 권리이다. 스타트업 대부분은 지분을 가진 창업자가 임원으로 근무하는데, 사업에 필요한 기술 전문 인력을 영입할 경우 지급되는 주식을 포함해 일반적인 주주들은 경영실적에 따라 생기는 배당금을 받는다. 또한 법인이 청산 절차에 들어갔을 때 남은 자산을 배당 받을 권리가 있으나 이 권리는 법인의 부채를 정리하고 난 후에 남게 되는 자산에만 해당된다.

법인의 주요 결정은 주주총회를 통해서 이루어진다. 서기 또는 회사의 총괄운영을 담당하는 임원은 주주총회의 시간과 장소들을 사전에 주주들에게 알려야 할 의무가 있는데 주주총회는 최소한 년 1회 개최한다. 경우에 따라서는 특별한 안건의 처리를 위해 주주총회를 소집하기도 하는데 이 때에도 사전에 시간과 장소를 통보해야 한다. 주주총회는 대부분 과반수 이상의 지분을 보유한 주주가 참석을 해야 유효하며 주주총회의 결의는 반드시 참석한 주주가 보유한 과반수 이상을 대표하는 지분의 동의를 얻어야 하며, 만일 안건이 회사의 운명을 좌우하는 합병 혹은 청산 등 큰 문제를 다루는 경우에는 반드시 전체 지분의 3분의 2 이상이 동의해야 한다.

주주권리 대행: 프락시 PROXY

프락시란 주식회사에서 쓰이는 제도인데 주로 소액 주주가 많은 회사에서 쓰인다. 소액 주주들은 회사 경영에 무관심한 경우가 많아 경영상 어떤 안건이 있을 때 주주들의 동의를 일일이 받기 힘든 때가 있다. 이럴때 프락시를 사용한다. 프락시는 주식회사의 경우에만 해당되는데 투표행사권보다는 더 포괄적으로 사용될 수 있다. 프락시는 소액 주주들의 투표권을 대행하는 권리를 지칭하는 말인데 대개의 경우 회사의 대주주 혹은 경영진이 소액 주주들로부터 프락시를 받아 주요 결정사항에 대해 투표권을 행사한다. 프락시를 얻기 위해서는 대행하고자 하는 주주가 자신의 회사에 대한 의견 등을 미리 밝힐 필요가 있다. 주요 경영 사항 및 여러 이슈에 대한 견해를 밝히고 소액 주주들에게 서면으로 동의 요청서를 보내게 된다. 소액 주주들은 이를 통해 자신의 투표 행사권을 부여한다.

스타트업은 프락시를 유용하게 쓰게 되는데 스타트업이나 벤처회사의 경우 직원들에게 스톡옵션을 제공하기도 하고 외부 컨설턴트들에게 주식을 발행하기도 하면서 소액주주들이 생기게 된다. 이런 경우 대부분의 소액 주주에 프락시를 동의받는다.

2) 이사회

역할

이사회는 회사의 경영과 관련된 다양한 결정을 하게 된다. 주식회사의 이사회의 권한은 지대하다. 회사 임원을 선임하고 회사의 전반적인 사안을 협의하여 결정하는 방식으로 이루어지게 되는데 회사 경영상의 주요 사안, 예를 들면 회사의 주요 임원 선임, 정관 수정, 스톡옵션 안 설정, 지적 권리, 투자 유치, 주요 영업 계약 등 중요한 경영 사안을 결정하게 된다.

신뢰의 의무 FIDUCIARY DUTY

이사회는 법적으로 신뢰의 의무가 있다. 경영상 벌어지는 모든 사안에 대해서 주주의 이익을 대변해야 한다. 이사회가 신뢰의 의무를 위반하고 주주들의 이익에 해를 끼칠 경우 주주들은 이사회의 이사들을 고소할 수 있고 회사가 소송 비용을 부담한다.

3) 임원진 OFFICERS

기본적으로 임원은 CEO, CFO, Secretary로 구성된다. CEO는 최고경영자이고, CFO는 재무담당 총괄, Secretary는 총무 담당이라고 볼 수 있다. 총무 담당의 경우 회사에 필요한 각종 서식과 회의록 그리고 법적인 문서를 관리하게 된다. 임원진은 회사의 필요에 따라 영업 담당 이사, 마케팅 담당, 기술 담당 임원을 임명할 수 있다. 특히 IT 스타트업이나 벤처회사는 기술담당 임원 CTO$^{\text{Chief Technology Officer}}$의 역할이 중요하다.

역할 분담 스타트업들의 경우 창업자들이 여러 임원직을 겸직할 수 있다. 특히 창업자가 몇 명 되지 않을 경우는 어쩔 수 없지만, 주주와 종업원이 늘어날 경우 회사의 규모가 커질 때는 반드시 임원직의 역할과 임무가 분리되어야 하고 부문별 임원을 임명해야 한다.

CEO (Chief Executive Officer) : 회사 운영 총괄
CTO (Chief Technology Officer) : 기술 개발 총괄

CFO (Chief Finance Officer) : 재무총괄

CMO (Chief Marketing Officer) : 마케팅 총괄

CIO (Chief Information Officer) : IT 및 컴퓨터 시스템 총괄

임무 수행 이사회가 임명하는 회사의 사장^{President}을 비롯한 임원진은 회사를 대표해서 임무를 수행한다. 따라서 임원진의 결정은 회사가 책임진다. 이사회가 임원의 권한에 제한을 두는 경우가 있는데 그런 경우 임원의 승인되지 않은 결정 사항 때문에 파면될 수도 있다. 회사의 사장은 물론 임원은 언제든지 이사회의 결정에 따라 해임할 수 있다.

4. 법인 설립

법인 설립절차에 들어가기 전에 가장 먼저 해야 할 일이 창업자들 또는 구성원들이 각자의 임무와 보상, 그리고 보상 방식 등을 명확히 하는 것이다. 특히 지분관계 등 법인의 소유권과 권리에 대해 명확한 선을 긋고 출발하는 것이 좋다. 대부분의 경우 창업자들은 보통주를 보유하게 되는데 보통주는 주주로서 투표권이 있는 주식이다. 하지만 벤처 캐피털 등 투자자의 경우는 투표권이 없는 우선주를 선호한다. 투자자들은 회사의 경영 및 기술개발을 경영자에게 위임하게 되며 경영자는 투자자들의 권익과 이해를 보호한다.

스타트업과 IT 벤처 회사의 경우 기술을 보유한 CTO가 회사로부터 상당한 수의 주식을 받게 된다. 이는 지금까지의 고생에 대한 보상이며 앞으로도 기술개발에 박차를 가해 달라고 주는 인센티브라고 할 수 있다. 이 경우 주식의 소유권이 넘어가기까지 3~4년의 기간을 두고 단계적으로 이루어지는데 이를 '베스팅^{Vesting}'이라 한다. 기술을 통해서 앞으로 회사의 가치가 오르기까지는 시간이 걸리기 때문이다.

회사의 등록

캘리포니아의 경우 회사의 설립과 동시에 세 가지 등록이 필요하다. 가장 먼저 주 정부에 법인 등록을 해야 하고 두 번째로 연방정부에 등록하고 한국의 사업자 등록번호에 해당하는 연방세 고유번호$^{Federal\ Tax\ Id}$를 받게 된다. 세 번째로 주 정부 산하 고용관리국$^{Employment\ Development\ Department}$에 등록을 마쳐야 한다.

1) 주식회사의 설립은 비교적 간단하다. 캘리포니아의 경우 회사의 약관$^{Article\ of\ Incorporation}$을 접수하면 설립할 수 있고 약 2주 정도 소요된다. 델라웨어 법인의 경우 며칠 내로 접수가 이루어지기도 한다.
2) 다음 단계는 법인의 연방세 고유번호^{EIN}를 신청한다. 이 번호는 연방정부의 세무당국으로부터 받게 되는데 온라인 또는 팩스로 신청한다. 이 번호가 나오면 비로소 은행계좌 개설 등 본격적인 사업 활동이 가능하다.
3) 주 정부 산하 고용관리국은 종업원과의 고용 관계와 주 정부 근로소득세 원천징수를 담당하게 되는데 역시 세무관계에 필요한 고유번호를 부여한다.
4) 캘리포니아주에서 법인을 세우고 제품의 판매를 하려면 주 정부

조세형평국$^{\text{Board of Equalization}}$에 등록해야 한다. 이는 주 정부에서 징수하는 판매세$^{\text{Sales Tax}}$ 때문이다. 판매세는 가장 많은 세무상의 분쟁과 감사의 원인이 되고 있어 회계사와의 협의하는 것이 좋다.

5) 법인을 경영하는 주요임원(CEO, CFO, Secretarty)의 이름과 주소를 주 정부 법인과에 등록을 해야 하는데 법인 설립 후 90일 이내에 해야 하고 매년 갱신해야 한다.

6) 법인이 설립자 또는 투자자에게 지분을 발행한다면, 이 또한 주 정부 법인과에 발행 후 15일 이내 보고의무가 있다.

7) 법인의 상표 또는 상호는 연방정부의 특허국$^{\text{Patent \& Trademark Office}}$에 등록한다.

주식 발행

법인의 등록을 마치면 주식 발행이 가능하다. 미국은 주식회사의 액면가는 별 의미가 없는데 주식 발행 시 창업자가 주식의 가격을 정하게 되어 있기 때문이다. 주식의 종류와 내용은 매우 다양하다. 창업 초기의 주식가격은 창업자가 임의로 결정할 수 있지만, 외부 투자를 받게 되면 주식의 가치를 산정하는 문제는 창업자와 투자자 간의 가장 중요한 안건이다. 또한, 주식에 따라 그에 따른 조건, 권리와 의무 또한 다양하다.

5. 법인의 의무

미국에 법인을 설립하는 일은 한국과 비교해 상대적으로 쉽다. 하지만 법인의 설립에 따라 사업활동을 하지 않는다고 해도 기본적으로 몇 가지 의무 사항이 있다. 이러한 의무 사항이 준수하지 않으면 이에 따른 벌금 때로는 법적인 제재를 받게 된다. 따라서 미국에 법인을 설립하는 것도 중요하지만 관리를 위한 방안을 준비해야 한다.

세금

기본적으로 법인은 연방정부, 주 정부에 세금을 내야 한다. 세금 납부를 위해 매년 세금 보고를 해야 한다. 연방정부의 경우 법인세 보고 의무가 있고 주 정부는 다소 복잡하다. 법인세 보고는 물론 법인 등록세

(캘리포니아의 경우 매년 800불), 판매세, 종업원 고용 관련 세금을 보고하고 지급해야 한다.

미국에서 투자를 유치해 사업을 추진하기 위해서는 이런 정부에 매년 제출하는 세금 보고에 대해 정리가 잘 되어 있어야 한다. 투자자가 가장 먼저 요구하는 것이 세금보고 내용인데, 사업계획서에 명시된 경영실적을 확인하는 가장 간단한 방법이기 때문이다. 미국에 법인을 설립하고 별다른 사업활동을 하지 않았다고 하더라도 법인을 설립했다면 이러한 세금 보고의 의무를 준수해야 법인으로의 자격을 유지할 수 있다. 그 밖에 법인의 주소지에 따라 카운티 정부, 시 정부에도 세금을 내야 할 경우가 있다. 현지에 회계사 또는 변호사를 선임해서 세금과 관련된 의무를 충실히 이행하는 것이 중요하다.

법적 서류

주식회사의 경우 매년 이사회와 주주총회를 의무적으로 개최해야 한다. 만일 주주나 이사의 수가 적어 의미가 없다고 하면 이와 관련된 서류를 준비해 두어야 한다. 이사회 및 주주총회의 결정사항을 기록하고 만일 별다른 의결 내용이 없더라도 이사회와 주주총회를 개최했었다는 기록을 항상 남기는 것이 좋다. 또한, 1년에 한 번씩 하는 법인의 내용 보고 의무도 충실히 해야 하는데 때로는 이런 의무가 행해지지 않아서 법인의 등록이 정지되거나 취소되기도 하고 벌금을 물기도 하니 미국에서 법인을 설립했다면 꾸준히 관리해 주어야 한다.

6. 미국 내 법적 신분 (비자)

영주권이나 시민권이 없다면 미국에서 사실상 법적으로 급여를 받으면서 일을 할 수 없다. 사업체를 설립할 수는 있지만 외국인으로 구분되어서, 일하는 것이 불법으로 간주된다. 따라서 신분과 관련된 문제를 해결해야 한다. 스타트업의 창업자가 미국에서 공식적으로 사업하고 회사에 속해 일하려면 미국 체류 기한이 한정된 단기 체류 고용 비자를 받아야 한다. 회사가 스폰서가 되어서 신청하는 비자로 스폰서 회사와의 고용을 전제로 발급받는 비자이다. 해당 직원의 직계가족(배우자와 21세 미만 자녀) 역시 같은 계열의 가족 비자를 취득할 자격이 생긴다.

1) H-1B 비자

미국에서 직업을 가질 수 있는 가장 선호되는 비자로, 한 해에 발행하는 그 비자의 숫자가 정해져 있다. 2003년에는 195,000명이 이 비자를 통하여서 입국했는데 2004년부터는 그 숫자가 65,000명으로 제한되었다. H-1B 비자를 받기 위해 가장 중요한 것은 고용의 스폰서가 되어주는 회사가 있어야 하며 비자를 받는 본인의 직무와 관련된 대학교 4년제 이상의 교육을 해야 하는 전문직종이어야 한다는 것이다. H-1B 비자의 장점은 동시에 영주권을 신청할 수 있다는 것이다. 즉 한국에 돌아갈 거주지를 유지해야 할 필요도 없고 한국에 돌아가고자 하는 의도가 없어도 무방하다. 비자 유효기간은 3년이고 그에 따른 체류기간도 3년인데 3년의 체류기간이 끝난 후 1회에 걸쳐 연장할 수 있다. 따라서 전체 6년간의 체류 기간이 보장된다. 6년 기간 내에 영주권을 받으면 미국 내 거주 문제는 해결된다. 하지만 여러 가지 제약도 있다. 스폰서 회사를 변경하면 비자를 다시 받아야 하고 6년이 지나면 비자 연장이 되지 않는다.

비자 발급 기준으로 우선, 해당하는 직업이 전문직이어야 한다. 직무 특성상 자격요건이 대졸 이상이어야 하는데 사실상 일반 직종이 아닌 전문직종에 해당한다. 전문직의 예로는 과학자, 회계사, 변호사, 엔지니어, 마케팅 전문가, 간호사, 컴퓨터 프로그래머, 교수, 연구자, 금융 전문가, 기자 등이다. 지원자는 최소 4년제 대학 졸업 학사 자격증을 보유하고 해당하는 전문직에 요구되는 자격증이 있는 경우 그 자격증 등을 취득한 상태여야 한다. 만일 학사 자격증이 없는 경우에는 전문직에서 오랫동안 근무했거나 다른 전문 교육기관 등에서 교육을 받은 기록을 제출해야 한다. 대학교육의 1년이 실제 근무 경험 3년에 해당한다고 보면 된다. 예를 들어 2년의 대학교육을 마친 신청자라면 해당 직종에서 6년간의 근무 기록이 요구된다. 또한, 미국 내의 다른 직원과 동등한 대우가 요구된다. H-1B 비자로 고용된 근무자는 미국 내의 직원과 동등한 대우를 받아야 하는데 실질적으로 다른 직원과 같은 급여나 혹은 근무지역에서 비근한 직종의 근무자들과 동등한 수준의 급여를 받아야 한다.

2) E-1 비자

E-1 비자는 무역종사자를 위한 비자로 한미간에 상호 무역을 도모하기 위하여 한미 무역에 종사하는 사업가나 회사의 직원에게 발급되는 비자이다. 무역 비자를 발급받기 위해서는 한미간의 무역실적이 요구되는데 정해진 규모나 금액이 있는 것은 아니고 회사의 규모에 적합한 무역실적이 증명되면 된다. 직원일 경우, 미국의 지사를 통해 E-2 비자를 신청하면 되는데 한국의 본사가 미국 내에서 근무하게 될 지사의 50% 이상의 지분을 소유해야 한다. 만일 본사가 미국에 있는 경우, 미국 회사의 50% 이상의 지분을 L 혹은 E-2 비자 소유자가 소유해야 하며 영주권자나 시민권자는 제외된다.

비자의 발급 기준은 직원의 경우 추가 조건이, 비자 대상자의 미국 내 활동이 반드시 현지 임원급이거나 미국 내 사업에 꼭 필요한 특수한 직능을 보유하는 것이다. 비자의 유효기간은 대개 5년이며 미국에 입국할 때에 주어지는 체류 기간은 2년으로, 연장이 가능하다.

3) E-2 비자

E-2 비자는 단기 투자 비자로 미국의 영주권이 주어지는 투자 이민과 구별된다. 투자 이민의 경우 일정 기간이 종료되면 투자한 사업체의 여부와 관계없이 미국에 영주하여 생활할 수 있다. 반면 단기투자 비자인 E-2 비자는 투자된 업체의 사업활동이 지속되어야만 비자도 지속된다.

투자 이민에 필요한 액수는 기본적으로 100만 불, 경우에 따라 50만 불인데 반해 E-2 비자의 경우 약 20만 불 정도의 금액으로 가능하고 업종도 다양하다. 단, 미국 현지에서 고용을 창출하고 적절히 세금을 내면서 사업활동을 지속해야 한다. 발급되는 비자의 유효기간은 최대 5년이며 미국에 입국할 때에 주어지는 체류기간은 2년으로 사업의 지속성을 증명하면 연장할 수 있다.

E-2 비자의 경우, 투자는 반드시 실제로 영업을 하는 업체에 해야 하며 투자금을 임의로 변경하거나 취소할 수 없다. 투자도 일정규모 이상이어야 한다. 특히 실제 투자 금액의 자금 출처가 투자가임이 증명되어야 한다. 실제 자산 혹은 기관의 융자금 등이 되는데 자금원에 대해서는 까다롭게 따지기 때문에 정당하고 적절한 방법으로 자금원을

증명해야 한다. 정해진 액수는 없다. 일반적으로 15 ~ 20만 불 규모로 알려져 있다. 하지만 더 적은 액수의 투자로도 가능하다. 사업을 운영하는 데 필요한 예산 규모와 투자를 통해 의미 있는 지분을 확보하는 것이 중요하다.

미국정부가 E-2 비자 프로그램을 만든 근본적인 이유는 현지 고용창출이다. 투자를 통해 현지에서 사업활동을 하고, 나아가서는 현지 인원을 고용하여 지역 경제에 공헌한다는 목적이 있으므로 1인 기업이 아니라 현지에서 직원을 고용하여 사업을 추진하는 것이 좋다. 또 투자를 통해 E-2 비자를 신청했지만, 사업체의 경영진으로 중요한 역할을 해야 한다는 것을 증명해야 한다.

4) L-1 비자

국내에서 오랜 기간 사업활동을 한 본사가 있는 경우 가능한 비자이다. L-1 비자를 통하여 미국에 입국할 수 있는 임직원은 국내의 본사에서 임원 출신으로 미국지사에서도 임원으로 근무하게 되며 미국 현지 영업상 특수한 기술을 가지고 있는 직원도 L-1 비자가 가능하다. 하지만 두 경우 모두 한국의 본사에서 1년 이상 근무한 경력이 있어야 한다. 미국에 지사를 처음 설립하는 경우에도 L-1 비자의 발급이 가능한데, 다만 미국 지사에서 사업 및 영업능력을 증명하기 위하여 비자의 유효기간을 1년으로 국한하고 있다. 1년 후에 그동안의 실적을 토대로 비자의 연장이 가능하다. 미국에 이미 설립된 지사를 통해서 입국하는 경우 임원은 최초의 3년과 두 번의 2년 체류연장이 가능하고 특수 직원인 경우 최초의 3년과 한 번의 2년 체류연장이 가능하다. L-1 비자는 이를 통해 영주권을 획득하는 데 가장 유리한 비자인데 H 비자와 마찬가지로 미국 입국 시에 한국으로 귀국할 의도나 한국에 거주지를 유지할 조건이 필요 없다. L-1 비자의 신청자격은 대기업에만 해당하는 것은 아니다. 국내에서 자영업을 하는 경우도 가능한데 미국에서의 사업성과 규모 등이 증명되면 L-1 비자를 신청할 수 있다.

5) O 비자

전 세계적으로 뛰어난 능력과 명성을 소유한 외국인에게 주어지는 비자이다. 해당하는 부분은 과학, 교육, 사업, 체육, 예능 부문으로, 그 분야에 종사하는 각국 전문가의 추천서가 필요하다. O 비자를 받기 위해서는 미국 내에 있는 기업이 스폰서가 되어줄 필요는 없으나 미국 내에서 자신의 분야에 계속 종사해야 한다. 최초 미국 입국 시 비자의 유효기간은 보편적으로 3년이며 체류 기간도 3년이다. 자신의 분야를 계속해서 추구하는 한, 비자와 체류기간을 무한정 연장할 수 있다.

제11장

가자! 실리콘밸리로

모두 실리콘밸리로 달려 온다.
실리콘밸리에 오면 뭔가가 되지 않을까 하는 환상을 가지고….
많은 업체가 실리콘밸리에 와서 투자를 기대하고
말로만 듣던 인물을 만나게 되면서
꿈에 부푼다.
하지만 실리콘밸리는
스타트업의 죽음의 계곡$^{Death\ Valley}$이기도 하다.
전 세계의 최고의 젊은이들이 야망을 품고 모이는 곳이다.
절대 쉽게 이루어지지 않는다.
실리콘밸리에 대해 좀 더 알아보자.

1. 실리콘밸리

실리콘밸리는 샌프란시스코 남쪽으로 자동차로 대략 1시간 정도 떨어진 지역인데 공식적으로 인정된 행정구역은 아니다. 실리콘밸리라는 이름의 정확한 유래는 알려지지 않았다. 아마도 이곳에 많은 반도체 회사들이 모여들면서 반도체 제조에 필수적으로 들어가는 실리콘 Silicon이라는 물질에서 유래되지 않았나 생각된다. 비록 행정구역은 아니지만 광범위하게 불리는 이 지역은 비가 잘 오지 않는 건조한 지역, 그리고 스탠퍼드 대학과 캘리포니아 버클리 주립대 등에서 나오는 우수한 인력, 그리고 지속적으로 모여드는 기술 관련 기업들 때문에 줄곧 미국의 과학 기술을 선도하는 지역으로 자리 잡아 왔다. 무엇보다도 미국의 벤처투자의 60% 정도가 이곳 실리콘밸리에서 이루어지면서 명실상부 미국뿐 아니라 전 세계의 IT 기업들이 모여들고 있다.

1) 지역

실리콘밸리는 정확한 구분은 없지만 샌프란시스코 남단 샌프란시스코 국제 공항의 남쪽과 산호세$^{San\ Jose}$를 포함하는 지역을 말한다. 사실상 샌프란시스코 시 자체는 실리콘밸리에 속하지 않는다고 본다. 면적으로 따지면 약 4,800 제곱 킬로로 경기도의 절반 정도의 면적으로 인구는 3백만 정도로 추산된다.

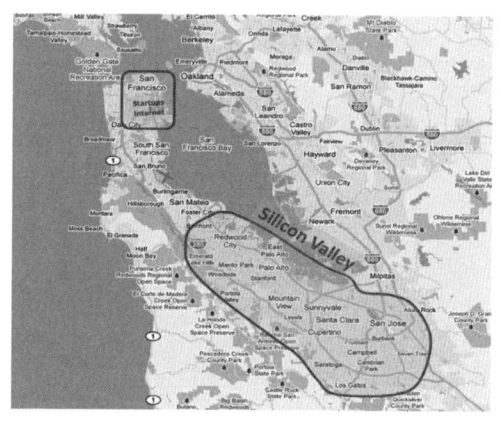

실리콘밸리에는 많은 사람이 기술 관련 산업에 종사하고 있는데 전체 직업 중에 80% 이상이 엔지니어라는 말이 나올 정도로 항상 우수한 엔지니어에 목말라 있다. 한국인도 현지 교포를 포함해 5만 명 정도가 살고 있다. 뿐만아니라 중국과 인도 등 전 세계의 우수한 엔지니어들이 무한경쟁을 펼치는 곳이 바로 실리콘밸리이다. 실리콘밸리가 가지는 경제적인 위상은 대단하다. 미국 전체 수출의 1/4에 해당하는 3,200억 불 정도를 실리콘밸리에서 담당하고 있는데 인텔, 오라클, 시스코, 구글, 페이스북, 이베이 등 IT 산업을 이끄는 굴지의 회사들이 모여있기 때문이다. 가구당 소득도 미국에서 가장 높은 지역이고 물가 또한 상대적으로 높다. 특히 실리콘밸리의 집값은 전국 최고 수준이다.

2) 실리콘밸리의 간단한 역사

실리콘밸리의 시작은 1891년으로 거슬러 올라간다. 1891년은 서부의 명문대 스탠퍼드 대학이 설립된 해이다. 철도 재벌 릴런드 스탠퍼드 Leland Stanford는 동부의 명문대에 비해 손색이 없는 대학을 서부에도 만들자는 꿈을 가지고 스탠퍼드 대학을 설립하였다. 산업기반이 전혀 없는 서부의 작은 도시라 교수진이 마땅치 않아서, 동부의 우수한 교수진을 막대한 자금으로 끌어들이기 시작했다. 이때 실리콘밸리의 아버지로 불리는 프레더릭 터먼 Frederick Terman 교수가 스탠퍼드 대학으로 오게 된다. 터먼 교수는 졸업생들에게 창업을 적극적으로 권유했는데, 가장 큰 이유는 지역적으로 일자리가 모자랐기 때문이었다.

릴런드 스탠퍼드

프레더릭 터먼

1914년 발발한 1차 세계대전은 실리콘밸리의 발전에 계기를 마련한다. 미국이 참전하면서 각종 군수 산업이 발달하게 되었는데 스탠퍼드 대학은 물론 실리콘밸리의 기업들에 각종 무기 및 군용 통신장비 정부 사업의 계약이 돌아갔다. 실리콘밸리의 IT 기술이 세계 최고로 발전할 수 있었던 근간이 바로 두 번의 세계대전이었다는 데 이견이 없다.

1951년 스탠퍼드 대학 근방에 요즘으로 말하면 벤처단지인 '스탠퍼드 인더스트리얼 파크Stanford Industrial Park'가 설립된다. 스탠퍼드 재단이 창업자들을 지원하기 위해 만든 산업단지이다. 1948년 벨BELL 연구소에서 동료들과 반도체 산업의 시발점이 되는 트랜지스터를 세계 최초로 개발한 윌리엄 쇼클리William Shockley 박사는, 1956년 미국 서부의 실리콘밸리에 쇼클리 반도체 연구소Shockley Semiconductor Lab(SSL)라는 회사를 설립해서 본격적으로 트랜지스터를 개발하게 된다. 그리고 현지의 유능한 학생들을 연구원으로 고용하게 되는데 본인을 포함해 9인의 엔지니어로 초기 개발팀을 구성한다. 그러나 정확하게 1년 후 그가 고용한 8명의 연구원은 SSL을 떠나 그들끼리 새로운 회사를 만든다. 이 회사가 최초의 반도체 회사라고 볼 수 있는 '페어차일드 반도체Fairchild Semiconductor'이다.

어떤 이유인지 모르나 회사를 떠난 8명의 엔지니어, 이들을 훗날 세상은 '8인의 배신자Traitorous Eight'로 칭한다. 이들 중에는 무어의 법칙으로 유명한 고든 무어Gordon Moore 박사도 포함되어 있었다. 페어차일드 반도체는 반도체 산업의 모태 회사가 된다. 아이러니하게도 페어차일드 반도체를 창업했던 이들은 또다시 회사를 떠나 또 다른 반도체 회사들은 설립하게 되는데 이 회사들은 향후 실리콘밸리 기술산업의 중심 회사들로 발전하게 된다. 인텔^{Intel}, 내셔널 반도체$^{National\ Semiconductor}$, LSI 로직$^{LSI\ Logic}$, AMD 등의 회사가 여기에 속한다. 이후 실리콘밸리는 몇 번의 기술 산업의 변화를 거치면서 전 세계의 IT 산업의 조류를 이끌게 된다.

- 1세대 (1930 ~ 1950) : 방위산업 (HP, 바리안^{Varian})
- 2세대 (1950 ~ 1970) : 트랜지스터, 반도체 (페어차일드, 인텔)
- 3세대 (1970 ~ 1980) : 개인용 컴퓨터 (애플, 실리콘 그래픽스)
- 4세대 (1990 ~ 2000) : 인터넷 (넷스케이프, 구글, 아마존)
- 5세대 (2000 ~ 2014) : 모바일 & SNS (페이스북, 그루폰)

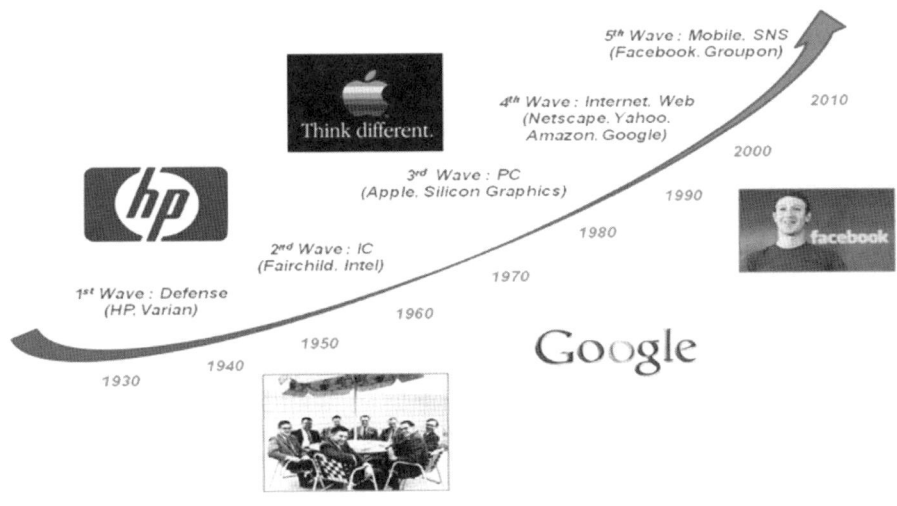

2. 실리콘밸리 문화

1) 실패를 두려워 말고

실리콘밸리는 정말로 실패에 관대할까? 물론 실리콘밸리의 창업자들도 실패에 대해 두려움도 느끼고 실패에 따른 스트레스가 없을 수 없다. 하지만 실패에 대한 개념이 다르다는 것은 그만큼 실행에 중심을 두기 때문이다. 이에 대해 실리콘밸리의 정신을 한마디로 표현하는 말을 페이스북의 창업자 주커버그의 슬로건을 보면 알 수 있다.

"Done is better than perfect."
완벽하지 않아도 좋으니 실행하라!

실패에 대한 리스크는 언제든지 따르는 법이다. 하지만 실패를 두려워 실행을 꺼리는 일은 하지 말라는 것이다. 실행에 무게를 두는 문화라고 할 수 있다. 실패는 어디서나 따르는 리스크라고 보면 된다. 실리콘밸리에서는 이러한 리스크를 창업자 혼자서 지지 않는다. 자금을 대는 벤처 캐피털도 그리고 같은 배를 탄 파트너도 리스크를 공유한다. 창업 자체가 리스크이고 실패 확률이 훨씬 높다는 것을 이해하고 있다.

하지만 실패를 마냥 용인할 것인가? 최선을 다하지 않는 실패, 욕심에 눈이 먼 실패, 도덕적이지 못한 실패 등에 대해서는 실리콘밸리는 관용적이지 않다. 실리콘밸리의 인적 네트워크는 생각보다 작다. 실패에 대해서 마냥 관대하지 않다는 것이다. 실패가 경험이 되려면 거기서 뭔가 배워야 한다. 그 교훈이 또 다른 창업의 밑거름이 되어야 한다는 것이다.

투자자들조차 투자를 검토할 때 과거의 실패를 문제 삼지 않는다. 창업자도 마찬가지다. 실패의 경험을 숨기지 않는다. 하지만 과거에 겪은 실패에 대해 명확한 이유와 교훈을 가지고 있어야 한다. 그렇지 않으면 실패의 경험은 부정적으로 작용한다. 실패를 두려워 말고 일을 저질러라. 하지만 배워라. 그것이 뭐가 되었든. 해야 할 일이든 하지 말아야 할 일이든. 그것이 실패를 자산으로 만드는 길이다.

2) 그들만의 리그인가?

'실리콘밸리에서는 네트워크가 중요하다?', '이곳에서 게임을 치르려면 네트워크에 들어가야 하는가?' 물론 사실이다. 인적 네트워크가 상당히 중요하지만 무조건 자신을 알리고 사람들과 만나고 하는 것이 전부일까? 단지 사람들을 알고 명함을 교환하는 것보다는 자신만의 인적 네트워크 즉 인맥을 구성하는 것이 좋다. 이러한 인적 네트워크는 언제 어디서 어떤 형태로 힘을 발휘하게 될지 모른다. 자신의 제품과 서비스, 몸담은 시장에서 최대한 인적 네트워크를 구성하고 연관성을 만들어 나가야 한다. 따라서 만남 하나하나에 집중하고 최선을 다하는 자세가 중요하다.

돈 가진 투자자 즉 벤처 캐피털과의 만남은 중시하고 어떤 모임에서 만난 평범한 노인은 별로 중요시하지 않는다면 실리콘밸리에서 네트워크를 구성할 준비가 안 되어 있는 것이다. 투자는 하지 않고 껍데기만 남은 벤처 캐피털도 많이 있고. 허름한 차림이지만 몇억 불의 자산을 가진 엔젤 투자자도 만날 수 있다. 언제 어떤 곳에서 귀인을 만날지 모른다. 한 사람 한 사람 최선을 다해 사귀고 관리하다 보면 본인만의 네트워크가 형성된다. 네트워크의 중심은 본인이 되어야 한다. 본인을 중심으로 네트워크가 형성되려면 본인만이 가지고 있는 독특한 매력과 스토리, 그리고 넘치는 정열과 알 수 없는 자신감(맹목적인 자만심이 아닌), 적극적인 태도와 집중력이 필요하다. 물론 영어도 해야 한다. 본인의 사업 설명을 유창하게는 아니더라도 거리낌 없이 표현할 수 있어야 한다. 실리콘밸리에 오려면 영어는 필수다.

3) 모든 것이 민간 위주로

실리콘밸리에서 정부의 역할은 단 한 가지. 엄정한 법 집행이다. 정부의 지원도 없고 정부 주도의 벤처지원 정책도 없다. 실리콘밸리가 속한 캘리포니아주는 미국에서도 가장 기업을 경영하기 좋은 법과 제도를 채택하고 있다. 특히 미국의 파산법은 위험을 감수하고 도전했다가 실패한 기업가들을 전과자로 만들지 않고 새로 도전할 기회를 준다. 실리콘밸리에 관한 기업 성공 사례에도 정부가 어떤 역할을 했다고 말하기 힘들다. 실리콘밸리는 정부 주도가 아닌 대학과 산업계 리더들의 비전으로 만들어졌고 철저한 시장 원리에 의해 자생적으로 발전했기 때문이다. 사업에서도 철저하게 시장원리가 작용하기 때문에 경쟁력이 없는 업체나 사업은 실패할 수밖에 없다. 실리콘밸리의 주역은 벤처기업가와 전문가 그룹이다. 그리고 경쟁과 시장원리에 의해 가장 우수한 것만 살아남는 제도와 시스템이다. 스스로 살아남아야 하는 벤처생태계. 정부는 시장 창출과 민간의 활력을 불러일으키고 시스템이 공정하게 돌아가도록 감시하는 역할 뿐이다.

3. 실리콘밸리의 투자환경

1) 실리콘밸리의 창업 자본

실리콘밸리의 창업자들은 창업 자본을 어디서 조달할까? 자신의 주머니에서 나온 돈을 가지고 사업을 하는 사람은 얼마 되지 않는다. 그만큼 자본조달이 원활하다. 자료를 보면 실리콘밸리 창업자의 자금조달에 있어서 본인과 가족 등 친지들로부터 자금을 조달하는 경우가 35% 정도이다. 즉 65%는 벤처 캐피털은 물론 각종 투자를 통해 자금을 조달하고 있다. 실리콘밸리에는 각종 창업 자본이 풍부하다. 미국 전체의 벤처자금의 43% 이상이 실리콘밸리에 몰려있다. 미국 내 벤처투자의 60% 이상이 실리콘밸리에서 이루어지고 있다. 그 규모만도 120억 불(약 12조원, 2012년 기준)을 넘어서고 있다.

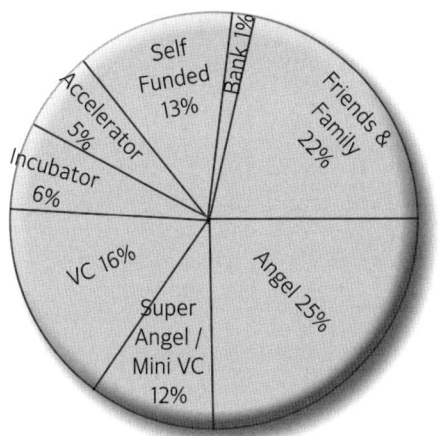

< 실리콘밸리 창업자들의 창업자금 조달 방식 >

2) 실리콘밸리 투자 자본 현황

실리콘밸리에는 각종 투자 자본들이 활동하고 있다. 투자자본은 끝없이 진화한다. 발전하기도 하고 필요에 따라 비이성적인 투자 자본이 생겨나기도 한다. 최근 동향을 살펴보자.

액셀러레이터

과거에는 비즈니스 인큐베이터라는, 창업 초기의 창업자에게 가이드라인을 주고 사업을 시작하는 데 도움을 주는 기관이 있었는데, 액셀러레이터는 이보다 한 발 더 나가서 사업이 본궤도에 오르고 아이디어를 사업화해 창업 및 사업 추진을 적극적으로 도와주는 기관이다. 현재 전 세계에 약 200개가 넘는 액셀러레이터가 활동 중이며 저마다 독특한 프로그램을 가지고 창업자들을 도와주고 있다. 실리콘밸리에도 약 60여 개의 액셀러레이터가 창업자들을 기다리고 있다. 2013년 기준으로 약 1,500개 이상의 기업이 실리콘밸리의 액셀러레이터 프로그램에 속해서 꿈을 키우고 있다. 액셀러레이터는 사실상 초기 단계부터 창업을 지원하고 소위 사업의 종잣돈이라 볼 수 있는 시드 머니$^{Seed\ Money}$를 투자해 좋은 아이디어를 가진 창업자의 꿈을 현실화시킨다. 따라서 액셀러레이터는 창업에 필요한 자금만을 투자해 창업을 가능하게 하고 정식으로 투자를 받을 때까지 사업 추진의 멘토링과 가이드라인이 된다. 최근에는 많은 업체가 이러한 액셀러레이터 프로그램을 통해서 창업에 성공한 기업들이 속출하고 있다.

< 미국의 스타트업 액셀러레이터 >

Seed Funds

창업을 거쳐서 사업이 본궤도에 오르면서 비교적 초기 단계에 투자를 하는 펀드이다. 투자 규모는 천만 불에서 5천만 불 정도 규모이다.

Small VC Funds

사업이 완전히 궤도에 올라 사업 확장, 생산 설비 등 자금을 조달하는 단계에 투자하는 펀드로 규모는 5천만 불에서 2억 불 수준이다.

Large VC Funds

Exit 단계, 그것도 IPO 직전에 투자하며 규모는 2억 불 이상이다.

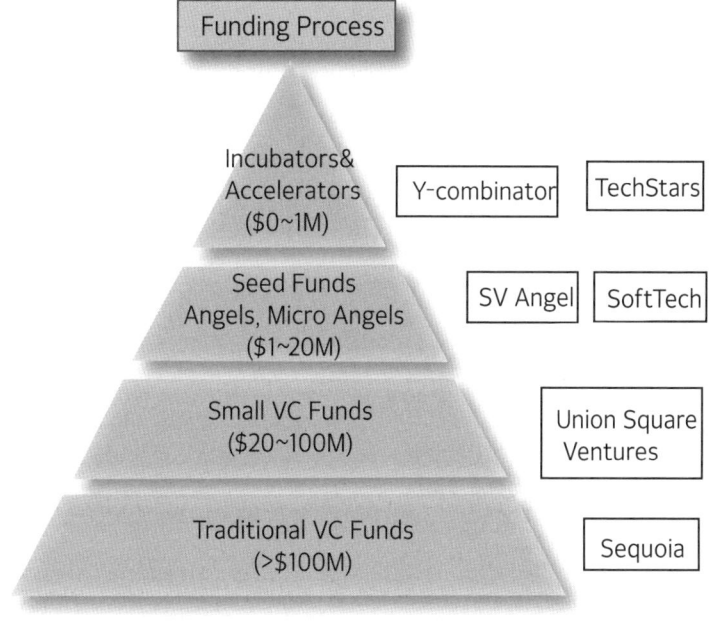

< 실리콘밸리 벤처캐피털 종류 >

4. 실리콘밸리의 현실

실리콘밸리의 현실은 냉정하다. 대다수 기업이 실패를 맛본다. 성공확률이 한국보다 높지도 않다. 전 세계의 창업자들이 저마다 우수한 사업과 아이템을 가지고 달려오는 곳이 실리콘밸리이다. 한국의 창업자들도 실리콘밸리에 들어오면 엄청난 장벽이 있을 것이라고 예상하고 결연한 의지를 가져야 한다. 한국의 창업자에 다가오는 실리콘밸리의 현실을 알아본다.

1) 실리콘밸리는 작은 부분이다

궁극적으로 미국 시장을 공략하기 위해 실리콘밸리로 진출한다. 실리콘밸리는 많은 엔지니어가 모여있고 각종 기술기업이 사업화되고 있는 특이한 지역이지만, 시장이라는 측면에서 보면 실리콘밸리는 아주 작은 부분이다. 많은 한국 기업이 실리콘밸리로 와서 겪는 흔한 실수가 실리콘밸리 내에서 투자자와 VC들, 주변의 엔지니어들과 이야기하면서 고객 대부분이 실리콘밸리 밖에 있다는 것을 잊는다는 것이다. 실리콘밸리에 자본이 몰려있고 기술집약적인 회사들이 많지만 사실상 99%의 고객은 실리콘밸리 밖에 있다. 가장 명심해야 할 현실이다.

2) 높은 비용

실리콘밸리에서 사업하는 데 드는 비용은 미국 내 최고이다. 인건비, 임대료, 생활비 모든 비용이 최고이다. 실리콘밸리에서 가장 먼저 겪는 어려움이 아마도 높은 비용일 것이다. 생활 물가는 뉴욕과 더불어 미국 내 최고이고 사무실과 주택 등 부동산 비용도 다른 지역에 비해 20~30%가 비싸다. 근로자들의 평균 연봉도 85,000달러를 넘어서 미국 내 1위를 달리고 있다. 실리콘밸리의 우수한 인프라를 위해 지급할 비용이 만만치 않다는 것이다.

전국 평균	100
Boise, ID	96.1
San Jose, CA	153.4
Denver, CO	104.5
Seattle, WA	115.2
Portland, OR	115.7

미국 내 도시별 물가 지수 (2012)

3) 아무도 알아주지 않는다

한국에서 아무리 성공을 했다 한들 실리콘밸리에서 알아줄 거라 생각하면 오산이다. 그저 실리콘밸리에 새로 생긴 회사일 뿐이다. 다시 창업한다는 마음으로 시작해야 할 것이다. 미국 진출을 적극적으로 시도하는 한국의 창업자 중에는 대부분 나름대로 한국시장에서 성공한 경우가 있다. 업계의 수위를 달리기도 하고 출시한 서비스와 제품이 주목받기도 한다. 이런 유망한 기술 기업들이 한국시장에서의 성공에도 불구하고, 그리고 기술력이 뛰어난 제품을 가지고도 미국시장에서 기대만큼 성공을 거두지 못하는 이유는 무엇이겠는가? 가장 큰 이유는 자신감을 넘어선 자만심이다.

4) 영어

영어는 실리콘밸리의 공식 언어다. 최소한 자신의 사업모델을 영어로 문제없이 설명할 정도의 영어는 구사해야 한다. '자신의 사업을 영어로 설명할 수도 없으면서 펀딩을 받으려 한다는 것은 불가능하다.' 이것이 실리콘밸리의 VC들의 태도이다.

5) VC들의 시각 차이

한국 업체들이 실리콘밸리에서 투자 활동을 하다 보면 한국의 VC와 실리콘밸리의 VC가 사업을 평가하는 기준이 다르다는 것을 알게 된다. 가장 두드러지는 점은 실리콘밸리의 VC는 기반기술에 비중을 둔다는 점이다. 즉 원천기술을 중요시하는 반면 한국의 VC는 애플리케이션Application을 중요시한다. 즉 기술을 이용해 어떤 식으로 돈을 벌겠는가에 좀 더 집중하는 면이 있다. 애플리케이션을 중시하는 이런 VC의 기준을 따라가다보면 한국 업체들이 기반 기술의 가치를 평가 절하하게 되는 경우가 있다. 반면에 실리콘밸리는 기술을 존중하는 분위기가 팽배하다. 우수한 기술은 어떤 형태로든 수익을 보장한다는 것이다. 너무 수익 모델에 집중하기보다는 기술 자체의 가치를 강조하는 형태가 실리콘밸리에서는 통할 것이다.

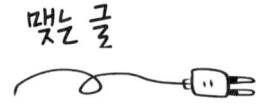

맺는 글

국적을 불문하고 스타트업이 실리콘밸리에서 살아남고 성공을 했다면 그 성공에 대한 정의는 무엇일까?

일반적으로 투자를 받고 사업을 진행해서 뿌리를 내리고 큰돈을 받고 회사를 매각하는 것, 또는 정말로 사업이 번창해서 이곳 주식시장 나스닥에 회사를 상장하는 것, 이쯤 되면 성공으로 봐도 될 것이다.

대한민국의 스타트업이 미국에 와서 이 정도 성공을 거둔 사례는 아직 없다. 몇몇 업체가 회사 매각에 성공한 바는 있다. 비록 초대형 딜이라고는 할 수 없어도 좋은 본보기가 될 수 있을 것이다. 최근에는 한국의 업체가 실리콘밸리에서 투자를 받기도 했고 실리콘밸리 현지의 VC나 액셀러레이션 기관들이 한국의 스타트업에 대한 관심이 높아진 것이 사실이다. 한국의 스타트업들의 투자를 위한 펀드도 조성되고 있고 해서 고무적이다.

하지만 이해할 수 없는 사실은 업체별로 투자 유치가 마치 대단한 성공으로 치부되는 면이 있다는 것이다. 투자는 사업의 과정이자 사업수행을 위한 돈을 구하는 방법일 뿐이다. 그런데도 많은 한국의 스타트업들이 실리콘밸리에서 단지 투자만을 위해 열을 올리고 있다. 그리고 투자를 받으면 마치 성공한 것처럼 주목받는다. 다시 한 번 강조하지만 투자는 목적이 아니다. 수많은 기업이 실리콘밸리에서 투자를 받고도 망해 나간다.

목적은 사업의 성공이다. 사업에 성공하지 못하면 투자는 의미가 없고 투자자는 손실만 떠안는다. 실리콘밸리에서 투자에 성공하거나 현지 액셀러레이션 프로그램에 채택되어 사업이 다음 장으로 넘어가는 것은 고무적이고 기쁜 일이다. 하지만 투자 역시 사업의 성공을 보장하지 않는다. 투자를 받은 10개의 회사 중에 1개도 사업의 성공은 고사하고 사업을 지속하지도 못하는 것이 현실이다.

따라서 한국의 스타트업들이 실리콘밸리에 와서 가장 중점을 두어야 할 것이 바로 사업이다. 실리콘밸리에 와서 끊임없이 하게 되는 피칭과 미팅과 모임들, 결국 현지에서 투자받겠다고 애쓰는 모습이다. 하지만 그보다 중요한 것이 어떻게 사업을 일으킬 수 있을까에 대한 고민이 더 우선되어야 한다는 것이다. 성공적인 사업 수행, 열심히 사업하는 모습, 그래야 투자도 자연스럽게 이루어진다. 사업의 실체와 실적을 만들기 위해 노력해야 한다. 사업의 실체 없이는 투자는 불가능하다는 것을 이해해야 할 것이다.

책을 마무리했지만 아직도 많이 모자란 면이 있다. 아무쪼록 많은 스타트업들이 실리콘밸리에 진출하기 전에 좀 더 철저히 고민하고 많이 준비해서 좀 더 자신감 있게 실리콘밸리에서 사업을 추진하는 모습을 보고 싶을 따름이다.

스타트업, 창업에서 실리콘 밸리까지

1판 1쇄 발행 2014년 11월 12일

지은이　　박한진
발행인　　문아라
펴낸곳　　클라우드북스
주　소　　서울 마포구 새터산2길 13
이메일　　cloud@cloudbooks.co.kr
사이트　　www.cloudbooks.co.kr
페이스북　www.facebook.com/cloudbookskorea
전화번호　010-5136-2260
출판등록　313-2012-124
제　작　　다라니

구입문의　010-5136-2260 / FAX 0303-3445-2260

클라우드북스는 지식서비스와 IT 관련 책을 전문으로 만듭니다.

ISBN　978-89-97793-13-6　13320

- 이 책의 모든 내용, 디자인, 편집구성의 저작권은
  지은이와 클라우드북스에 있습니다.
- 본사의 서면허락 없이는 책내용의 전체나 일부를
  어떠한 형태나 수단으로도 이용하지 못합니다.
- 잘못된 책은 구입하신 서점에서 바꾸어 드립니다.
- 책값은 뒤표지에 있습니다.

저자 소개 박 한진

현재 알토스 비즈니스 그룹Altos Business Group 대표

미국의 호프스트라 대학Hofstra University에서 정치학, 조지 메이슨 대학George Mason University에서 행정학 석사를 받고 한국으로 돌아와 CJ 그룹의 전략기획실에 근무하던 중 돌연 회사를 그만두고 미국의 밴처회사에 들어가게 된다. 그렇게 실리콘밸리와의 인연이 시작되었는데 벌써 18년 전의 일이다.

박한진 대표는 그후 회사가 매각되면서 Synopsis, inc.의 해외마케팅을 거쳐서 작은 엔젤 투자 회사에 몸담게 되는데, 여기서 스타트업의 문화와 노하우를 직접 체험하게 된다. 그리고 2003년 산호세 주립대에서 MBA를 받고 나서 본격적으로 컨설팅 회사를 설립하여 국내의 대기업은 물론 중소기업, 벤처회사들까지 미국진출에 관한 컨설팅 사업을 활발하게 진행하였다. 현재는 실리콘밸리에서 미국 진출을 꿈꾸는 한국의 스타트업들을 상대로 액셀러레이션 과정을 직접 설립하여 운영하고 있다.